愛的藝術

心理學大師佛洛姆跨時代不朽經典，
一本學習如何去愛的聖經

The Art of Loving

Erich Fromm

埃里希・佛洛姆——著　梁永安——譯

佛洛姆博士的一句話，改變無數人的一生

沒有愛，人類連一天也不能存在。

愛某一個人並不只是一種強烈感情，它還是一個決定、一個判斷和一個承諾。

愛是人身上的主動力量。

在愛中，兩個人是從他們生命的本質去體驗自己。

愛主要是給予，而不是領受。

愛的主動積極性：照顧、責任、尊重、了解。

施之所以比受更讓人快樂，因為給予是在表現蓬勃的生命力。

如果我真正愛一個人，我就會愛所有人，就會愛世界，就會愛生命。

目錄

附錄

—推薦序—

兼融「大愛」與「小愛」，歷久彌新的經典《愛的藝術》

孫中興（臺灣大學社會系教授）

愛情人人會談，各有巧妙不同。

《愛的藝術》是我年輕時代讀過的一本印象深刻的書，也是我日後列入「愛情社會學」教學時的閱讀心得書單之一。

可是我現在已經記不清楚當初看這本書的起因是對「愛情」在實踐上的困擾，還是對愛情的理論興趣，或是延續著我對於佛洛姆其他著作的閱讀興趣。書的內容我也沒辦法完全記憶，只記得當初看完覺得受益無窮。所以，我後來教授愛情社會學恐怕也融入了我對這本經典的理解和發揚。

這本書出版於我出生的前一年，所以也算是一本老書了。但是愛情是一個永恆的題材，再怎麼老的書，只要對讀者有幫助，就一定會永續流傳。這本書英文版不斷再版（這個新譯本有一篇英文版的二〇〇六年導論），這次在舊有中譯本之外又出版了新的中譯本，也證明這本書歷久彌新的經典地位。

先說一下「書名」。這裡中文書名翻成「愛」的英文原文並不是大家習以為常的 love，而是 loving，佛洛姆強調這是指「愛的能力」。至於「藝術」，應該是當時流行的相對於「科學」的概念，也蘊含著需要培養的一種人生或生活實踐的能力，而不是當成身外之物來研究。這也是佛洛姆所謂的「終極關懷」。這本書第一版發行時原來還有一個副標題：「愛的本質的探討」（An Enquiry into the Nature of Love）。大概因為書名已經更清楚了，所以這個副標題就被刪除了。

我個人覺得，佛洛姆的愛情觀有幾點值得特別注意：他強調愛情的主動性，其中主動的「施」比被動的「受」更重要。這也延續著基督宗教中「施比受更有福」的一貫信念。所以愛情不是被動地等待它的來臨，而是要主動地讓它發生；用愛來喚起愛的能力。

從愛情的理論上來看，這本書簡要提到了愛情的四種基本元素：照顧、責任、尊重和了解。可惜這四個要素的引用程度遠遠不如後來史坦伯格（Robert J. Sternberg）的「愛情三角理論」（triangular theory of love）：熱情、親密、承諾；或李約翰（John Lee）的「愛情色輪理論」（color wheel theory of love）三原色：情色愛、遊戲愛、親友愛，和三延伸色：瘋狂愛、神聖愛、實用愛，以及「依附（戀）理論」（attachment theory）的三種依附風格：安全型、焦慮型、逃避型，來得響亮。雖然佛洛姆沒有將「性」（熱情或情色）列入愛情四元素中，但是他認為佛洛伊德對於性的作用了解得不夠深入，而將性的觀念加以更正且更加深化地討論。此外，他對於親子之愛（特別是母愛）和愛的能力的討論也和「依附（戀）理論」有相通之處。這都是很值得我們省思之處。

在愛情的對象上看，這本書不限於傳統愛情中所專注的「男女愛」，還包含著對家庭中的父母手足、對自己和對神的愛。簡言之，這本書兼融了「大愛」和「小愛」的討論，是一本涵蓋層面很廣的小書。

看西方人半個世紀以前寫的書，通常也會有時間和文化差距的問題，特別是對「同性戀無法達到傳統男女兩極性結合，所以是一種失敗」的立場，多少也展現了時代的痕跡，這方面的觀念應該是與時俱進。

這本書除了愛的理論之外，還強調愛的實踐。佛洛姆列出四項要素：紀律、專注、耐心、無上關注的態度。這是我們所有教愛情的人都有的共識，我們都希望這些理論能引導讀者發展出愛人的能力，面對一個更好的自己，找到適配的伴侶，並走向一個更好的人生。

最後說一下這個譯本除了通暢好讀之外，還收錄了幾篇對於佛洛姆本人愛的實踐的描寫，這雖然都不是書的正文，只是〈導論〉和〈附錄〉，卻可以幫助讀者對作者有更深入的了解。

最後的最後，秉持著和佛洛姆一樣的信念，我用我的八字箴言送給讀者：

平等對待

共同奮鬥

推薦序

孤獨療癒：重返心理學經典《愛的藝術》

鐘穎（愛智者書窩版主／諮商心理師）

如果你這一生只打算讀一本心理學的著作，那麼你就應該讀《愛的藝術》。

這麼多年來，我們持續受惠於佛洛姆的洞見，是他告訴我們：「愛不是一個對象，而是一種能力。」只有成熟的人能夠去愛，而不是把「共依附」視為愛。在這個心靈與物質分裂，個體與群體分裂，理性與感性分裂的時代，我們更希冀尋求一個完美的外在對象來使自己獲得完整。那些渴望有人能讓自己說出「You complete me.」的現代人，其實根本不知愛是何物？因為他們尋求的是自身失落的一角或讓自己滿意的物品，而不是一個獨立的人。

事實上，愛是一種源於潛意識的本能。健康的人都會本能地想與他人結合，想被他人理解，也會本能地去愛自己的父母與孩子。然而，讓愛停留於本能的層次是遠遠不夠的。佛洛姆讓我們知道，愛也是一種選擇。但此選擇有賴人格的成熟才能被自身所意識，否則我們不過是順從本能去愛，或順從社會習俗與自身條件去尋找對象罷了。因此我才常說，愛源於潛意識，卻在意識裡被完成。

很遺憾地，這個時代雖然大量地在談「愛」，但在我看來，這似乎是我們並不理解愛的證明。愛的本質並不是一種語言，它是一種尋求完整、同時也尋求獨立的本能動力。在深度心理學的語彙中，我們將之稱為「個體化」，那是我們追求整合內外在，追求成為獨特自我的一生歷程。

在這樣的歷程裡，我們不僅謀求與他人連結，同時也謀求與內在的黑暗面及異性極相互連結（例如男性連結自身的陰性面，或女性連結自身的陽性面），愛的本能推動了這個歷程，所以讀者們才會看見佛洛姆在書裡將之分為兄弟愛、浪漫愛、母愛、自愛、及宗教愛等不同面向來分析。究其原因，就是做為本能的愛的動力並不受制於對象，它唯一的限制是我們人格的成熟程度。一旦我們能夠去愛，我們就能在身邊發現可以被愛的人；反之，我們就會為遍尋不著「愛人」（也就是能愛的對象）而痛苦。

正因如此，愛也涉及了面對孤獨的能力。那能夠自處的人，才可能去愛，而非因為逃避自處所以去愛。佛洛姆認為，孤獨是人類焦慮的源頭。但我可以說，孤獨也是同理及慈愛的源頭。在最深層的孤獨經驗裡，我們才會知曉我與他人皆是平等的。我因為被孤獨所環繞，然後才明白他人與我有共同的處境。在那裡，我們與最深處的自我相遇，與「大我」相遇，然後愛才終於來到了最崇高的層次，也就是宗教愛。在這個層次裡，我們感受到個人和宇宙實為一體，人人皆是手足兄弟。由孤獨開始的經驗，終於又回到愛裡，而後貫串在個體化的過程中。

孤獨、愛與個體化因此是一件事物的三個面向，在人短促的一生裡，對愛的尋求既讓我們與他人及大我連結，又讓我們成為真實無缺的自我。因此愛絕非一份寫完即丟的功課（或結婚後就毋須費心的幼稚情感），而是生命裡連續不斷的挑戰。當我們停止成長的同時，愛便從關係裡消失。它不是對他人的征服，而是深入自我的勇氣。這個過程永不止息，而這本書就是走入這個過程的起點。

這本書在臺灣首次出版時，譯者是著名的翻譯家與哲學家孟祥森。他的譯著啟蒙了好幾個世代的臺灣學子，其譯筆優美，選材深刻，堪為楷模。而今雖然哲人日已遠，但新一代的譯者卻絲毫不遑多讓，交替接力為國內的心理學立下標竿。特地說明這件事，是要告訴讀者們，這本經典承載了許多人的理想與願望，很高興您也成為這之中的一份子。

幾乎可以肯定的是，哪怕再下個五十年，我們都還需要佛洛姆對愛的指引，那是一條無關他人，而是關乎自己的完整之路。當代的心理學已經過度地向自然科學靠攏，因此逐漸喪失了關照自身的能力。《愛的藝術》的重新出版因此成為所有關心人格成熟，關心自身心靈的每個人都感到雀躍歡喜的大事。請趕緊打開這本小書，讓愛的知識療癒您一直以來在關係中感受到的痛苦，使它陪伴您度過每個在愛裡徘徊猶疑的時刻！

—推薦序—

《愛的藝術》解答愛的問題

周慕姿（心曦心理諮商所心理師）

在一次談到伴侶之愛、不安全感與焦慮的講座時，有學員問我：

「如果我能夠愛自己、也能給自己安全感了，那麼，我為什麼還需要另一半？」

我想這或許是許多人放在心裡的問題：

「當我把自己過得很好，我為什麼還需要另外一個人？他的出現，難道不是為了彌補我內心不足的部分嗎？」

就像有句話說：我們尋尋覓覓，都在找尋曾經失落的另一半，這也就是為什麼愛情如此吸引人。

找到另一半、感覺對方是「對的那個人」，感受內心很重要的一塊被填補、甚至感覺到「天地化為零」，是許多人對愛情的印象。

但在過程中，我們又發現原本以為對的那個人，似乎哪裡不對，於是我們痛苦、掙扎、爭吵，然後離開，再去找對的那一塊拼圖。

彷彿找到這個人，就可以填補我們生命的缺口，完整我們這個人。

為什麼我們這麼需要愛？而愛，究竟是什麼樣子？

對我們而言，愛在我們生命中，又扮演了什麼意義？

怎麼「愛」，才能真正完整生命與另一個人的人生？而不會成為束縛與壓力？

所有關於「愛」的問題，幾乎都能在這本書獲得解答：《愛的藝術》。

《愛的藝術》是繼《逃避自由》一書外，佛洛姆非常廣為人知的一本經典。

對於愛，佛洛姆認為這是一門「藝術」，「藝術」的意思，是必須學習理論、加以實踐，以及將這門藝術做為「終極關懷」——也就是一輩子的理解、深入思考與執行。

為此，佛洛姆先探討了：「為什麼人類這麼需要愛？」他從「分離感」討論起：

當我們被拋到了這個世界，面對一切的未知與不可控制，感受自己與世界的分離，對生命的焦慮感也因應而生，於是我們會希望找到很多方法，去解決這個分離感，以感受「合一」的安全感、安撫焦慮。

與一般的精神分析學家最大的不同是，佛洛姆具有社會經濟學的背景，這使得他會以更為宏觀的角度切入，了解人類對於愛的期盼與匱乏，是源自於哪裡，而又會用什麼方法去解決。

於是，他討論了許多很重要的概念，因篇幅限制，我在此節錄四點：

一、對於愛，很多人在意的是「被愛」，而非如何「愛人」。如此，我們會將重點放在「怎麼讓自己變得可愛」；對於「愛人」的技能沒有培養，使得我們會更重視「愛的對象」，認為只要「挑對了人」，愛就會無止境地一直存在。

但在「挑對了人」的思考上，受到商業、資本主義與消費換取幸福感的意識形態影響，我們卻又以「社會交換」的態度，去選擇自己「愛的對象」：夠漂亮、夠有錢、成就夠好、或是有足夠的外在條件等等。

在這種「等值交換」的概念下，「愛」，可說是奢侈而又稀罕的東西。於是我們渴望愛，但我們的選擇，卻又讓愛離我們更遠。

二、愛的重點，在於「給予」。給予並非犧牲，而是能力的展現。我願意給予我所有的能力，去豐富你的生命，而又會因為這個「給予」得到一些反饋，這些反饋又豐富了我。於是，愛就在這中間滋生茁壯。

三、愛包含四個基本元素：照顧、責任、尊重與了解。在這四個元素中，佛洛姆花許多時間去定義、討論這四個元素如何緊緊相扣，缺一不可。在他清楚的說明中，我們才有機會釐清一些似是而非的想像與概念，越來越了解：愛，是怎麼存在於我們彼此之間。

四、愛，不只是愛別人，也是愛著自己。將自己當成一個人類，對自己照顧、負責任、尊重與了解。我們在這些愛中滿足，才不會找尋可以利用的人，用他來滿足自我的匱乏與需求。當愛變成了依賴、剝奪與利用，那麼，壓力與痛苦也隨之而來。

佛洛姆的這些內容，和我在我的著作中所分享的概念相當類似，但卻又更加全面深入，我從中也獲得許多助益，有許多文字，更是重複推敲。且此次木馬文化所推出的《愛的藝術》繁中版，除了《愛的藝術》原本的內容外，還有三篇附錄文章，收錄了佛洛姆生前助理側寫他、有誰影響佛洛姆撰寫本書，以及佛洛姆書信的摘錄，希望讓讀者更了解佛洛姆的思想。

《愛的藝術》，一本談愛的經典著作，誠懇將此書推薦給大家。

—推薦序—

一部改變、激勵許多人生命的經典

郭重興（讀書共和國創辦人）

要把自己五十幾年前讀過的一本非小說文類的書拿起來重讀、重新出版，發抒感言，這一來一往的時間跨度，不也幾乎是自己這一生來的一個濃縮寫照，一幅速寫？

前陣子和去國也差不多就是五十年的高中死黨及其配偶聚了幾次。拜疫情之賜，他們倒有在台灣久待的打算。也又是拜疫情之賜，這下又想溜之大吉，回美國的那個家了。

這種事原也不足為奇，五十幾年前他們就是這樣子，而且是一批又一批，走得那麼理所當然，那麼決絕。還好在他們出國前沒多久，我和其中兩個，一個就是這次見面的，另一個是死都不想回來的，在老家二樓的陽臺上拍了張照片，建梅幫我們拍的。照片中兩人都搭著西裝上衣，很體面，即將要走上各自人生一段不同的旅途。我們那一代人，尤其是上過大學的，大抵都是如此。我穿的是短褲，一件紅色開襟短袖棉衫，手還斜插在短褲口袋裡，看起來一派輕鬆，或只是對未來無從面對的無知覺？他們選擇去國，我選擇留在台灣。他們「從眾」的、告別了青春年華的階段。而我的階段，假如算有的話，還不知道界限在哪裡？我的折騰還不知道要捱多久？

但也不是一無所有。沒有文憑，但還有學校可讀。我不久也把學業給停了，結果是被徵調服了三年的大頭兵役，等到又回學校花了一年半把課上完，才發覺自己幾乎是真的什麼都沒了，只勉強贏了個「老書生」的雅號。

我當然會恐慌、會覺得孤立無援。建梅常笑我身上有股「無知的憨膽」，也許吧。但她不知道的是：這份「憨呆」多少有點依恃。因為像建梅這樣的女孩願意一直陪著我，不正表示我究竟不是一隻懶蟲。我的人生路走得那麼七轉八折，也是有一絲絲的道理，有那麼點積極的意義？

這次重讀《愛的藝術》，不禁要為自己五十二年前的「無知」汗顏。依據佛洛姆生前助手所言，《愛的藝術》是為學術界及「受過高等教育」的人士撰寫的，但十九歲的我當然兩者都不是。可那不就是當年這本書能夠成為大暢銷書，並無可置疑的晉身經典之林的緣由？全世界的年輕人「如獲至寶」，從《愛的藝術》汲取智慧，尋求面對紛亂世界的指引，尋求每個年輕人都飽受煎熬的「愛情」問題的解惑妙方。

但如今，五十多年後，我會帶著過來人的「老到」，稍作補充的說，「愛情」問題不只是年輕人的問題，是每個人一生的問題，而且，是人生最重要的課題。

而且，我還甚至要說，當然就是這次重讀之後，相較於一九五〇、六〇年代，二十一世紀的許多面向一定是佛洛姆更不樂見（他會悲觀害怕嗎？）。但他把《愛的藝術》給了我們，就像在上世紀美國的五〇年代和台灣的六〇、七〇年代，它鼓舞了整整兩個世代的年輕人找到了生命的價值和勇氣，面對價值更為多元（或其實更為單一？），商業帝國的網絡更牢牢把每個人裡裡外外都套得更密不通風時，《愛的藝術》毋寧是個密友、導師，或甚至是裝備心靈的武器。它不僅可以保護你，也讓你獲得信心和尊嚴。

我自己又何嘗不是？十八、九歲的大一、二學生哪懂得書中那麼細密的有關宗教、精神分析的討論，但就是讀了，一來當然是作者的口氣、文字都那麼清晰、直接，簡直就像個長者般的親切。而且他的「解方」多有說服力。你、我的問題，關於愛情的焦慮、生命意義的迷途、周遭獨裁政治的偽善，原來都不是「真正」的問題。愛，原來不只是需求，不是要獲取，愛是給予。你只有能愛所有人時，才能真正的愛一個人，同樣的，你如果真的愛一個人，你也就能愛上所有人。

原來是如此，你必須先讓自己的愛充盈，然後才能夠給予，而從給予當中，你也得到更多的給予。於是更充盈，更幸福……

五十多年的人生也就這麼過了。《愛的藝術》書中許多精闢的討論也忘得差不多了。但留下來的那幾句話確實也伴我走了這麼遠的路。我實踐了多少？永遠是不夠的。這也是我相信《愛的藝術》值得一再以嶄新的面貌與年輕人晤面的緣故。它在上世紀五〇年代面世、六〇年代末引進台灣，改變、激勵了許多人的生命。它仍將永遠如是。一部經典。

愛的藝術

導論

過去五十年，我們一直享受著這本小書的洞見、慰藉和啟發。多麼不同凡響的長跑啊！這幾十年來，心理學改變了很多次。佛洛伊德紅過又退流行。各式各樣的精神療法大盛一時又消失。藥物曾經改寫我們對情緒的了解，但它們也是一度閃閃發光之後就褪色了。在這段期間，佛洛姆這本薄薄的小冊子一直和我們在一起，提供冷靜的忠告。什麼原因可以讓一本書經久不衰？

它的題材當然是居有一功。正如佛洛姆告訴我們，愛是我們所渴望的。愛定義了我們，是「人類生命難題的解答」。每年都有許多談愛的書出版，唯獨佛洛姆這一本被翻譯成三十四國文字。

它的書名無疑亦有功勞。這書名沒有使用商業文化的語言，沒有使用所謂的時髦詞語。乾淨的書名保障了這本書後來晉身經典的命運。佛洛姆並沒有躲在自己的專業後面，沒有使用《愛的藝術之精神分析》這樣的書名。他態度大膽。他要直接和讀者面對面。

再來是書中的用詞。它實現了書名的承諾。佛洛姆說得很直接：「愛是一門藝術嗎？如果是，它就要求知識和努力。」我們會在一些簡練的措辭裡找到詩意：「沒有愛，人類連一天也不能存在。」在責難重商文化的時候，佛洛姆偶爾會突然使用比喻：「世界是我們慾望的巨大對象，是大蘋果、大酒瓶和大乳房。我們是吮吸者，永遠充滿期待又永遠失望。」

這番見解顯示佛洛姆之所以能夠吸引到每一個新世代的重要理由。他有著先見之明。他辨識出我們生活面臨的核心挑戰：如果我們的文化鼓勵自戀，我們又怎能指望超越我們的自我？如果這文化讓人疏離，我們又要如何找到我們所渴望的親密、激情、協調，或佛洛姆所說的「透過愛而重新合一」？

隨著時光流轉，這些問題變得越來越迫切。商業精神公然污染個人領域。事業成功的男人莫不尋求一個花瓶妻子。近一半這類婚姻以離婚收場，而這部分是

「買更貴的東西」的誘惑所致：就像每個人都有固定的價格那樣，就像每個人都可以依照年輕、貌美、聰明、地位和財富（特別是財富）的程度而被定價的那樣。上述觀念的重新組合往往導致一些讓人感到空洞的婚姻。佛洛姆理解這種生活境遇。

佛洛姆還年輕時就展開批判。他一九〇〇年出生於法蘭克福一個正統派猶太人家庭，祖父和曾祖父都是知名拉比。佛洛姆的父親則是葡萄酒商人，為自己的從商感到羞愧。回憶自己的兒時，佛洛姆說：「我小時候對那些把人生投入於賺錢的人感到很奇怪，而當有人在我面前承認他是一個商人時，我會侷促不安。」十二歲時，他父親的一名員工點燃他對社會主義的興趣。他所受的宗教訓練讓他接觸到進步觀念：當先知的人除了透過話語，還必須透過行動來表達自己，關心人民的需要。但佛洛姆從來沒有完全對身為正統派猶太人的一份子感到自如。二十三歲的時候，他宣布自己反對錫安主義，理由是民族主義和全面的人文主義相抵觸。二十六歲那一年，為了象徵他和猶太教儀式的決裂，他在逾越節吃麵包。

這個時候，他已經從海德堡大學取得博士學位。他曾研習法律和宗教，但最終投入社會經濟學——社會學在當時的稱呼。他還認識了弗麗塔．賴克曼（Frieda Reichmann），兩人很快就結婚。弗麗塔是精神科醫生，比佛洛姆年長十一歲，而佛洛姆就是在她的引介下接觸精神分析學的革命性領域。兩人的實際婚姻關係只維持了幾年，但佛洛姆對精神分析的興趣沒有中斷。

社會學的訓練讓佛洛姆後來認定佛洛伊德的理論狹窄和機械化。在他看來，很多佛洛伊德用天生本能解釋的現象都是由經濟力量、政治力量和文化力量所引起。對佛洛姆而言，個人不是一個本能被壓抑而馴化的集合體。人是在社會結構內活動的社會生物。佛洛姆選擇和精神分析運動中的馬克思主義者和社會主義者站在同一陣線。他心儀的馬克思是早期的馬克思，也就是那個希望用更人性的經濟制度來取代勞動分工強加於人的束縛的烏托邦主義者。佛洛姆自己的論文題材涉及刑事、司法、宗教和道德領域。不晚於一九三〇年代，愛也悄悄地潛入他的工作：對父系社會和母系社會的研究讓他思考母愛和父愛對一個小孩的不同影響。

在納粹的陰影下，佛洛姆為文談論獨裁政府和它們製造施虐狂者的傾向。他比佛洛伊德更早看出歐洲正在走向災難。一九三三年，他應女性主義精神分析家霍妮（Karen Horney）的邀請訪問美國，不久後又移民美國。雖然總是保持批判性，但他熱愛自己的新國家。到了一九四〇年代，他改為以英語寫作。

在美國，佛洛姆對古典精神分析的批判趨於尖銳。他在一九三九年指出：「（佛洛伊德）把人視為本能受到強迫但被社會馴化的動物。他沒有任何自發性的範疇，例如沒有愛，沒有柔情，沒有喜樂，甚至沒有性歡愉——在他看來，性歡愉不過是解除緊張。」在佛洛姆看來，精神分析家的工作包括把性格理解為一種對文化力量的回應，一如馬克思主義者認為從自我疏離乃固存於資本主義中。在精神分析的實踐方面，佛洛姆相信，為了對治現代人的負擔（大概也是所有時代的人的負擔），即為了對治分離性（separateness），治療師絕不可保持中立，必須強烈的介入。

隨著《逃避自由》（*Escape from Freedom*）在一九四一年的出版，佛洛姆成為名人。在本書中，他設法釐清人是如何透過加入極權主義或在平等社會中培養從眾性格而失去個體性。他宣稱，個體心理學理當是社會心理學的分支。人總是生活在關係中。

佛洛姆之所以受歡迎，是因為他雖然身處意識形態的時代，卻不是意識形態者。他依自己的需要熱烈地從猶太教、馬克思主義和精神分析取用觀念（後來又從道家和禪宗取用），但說到底，他是一位人文主義者。他勤勤懇懇地經營這個角色。他終生都把上午的時光用於不能賺錢的活動：讀書和安靜思考。到了晚年，在沉思諦觀之餘，他又展開政治活動，在反核和反戰運動中扮演領導角色。

佛洛姆是一個喜愛與人交往的人。他與精神分析和社會科學界的重要人物過從甚密，最著名者包括費倫齊（Sándor Ferenczi）、沙利文（Harry Stack Sullivan）、理斯曼（David Riesman）和馬庫色（Herbert Marcuse）。他對女性的品味是兼容並蓄。和弗麗塔離婚後，他與霍妮有過一段情，也曾和紐約舞蹈界的凱薩琳・鄧翰（Katherine Dunham）與馬莎・葛蘭姆（Martha Graham）交往。一九四四年，他和女攝影師赫妮・格蘭德（Henny Gurland）結婚，婚後專一忠誠，直到赫妮於一九五二年去世為止。這些女人有的比他年長許多，有的比他年輕許多；有的相貌普通，有的漂亮動人；既有白人，也有黑人。她們的共通處是個性強，聰明，對關心的事情熱烈投入。不過佛洛姆生命中的最愛是安妮斯．弗里曼（Annis Freeman），她是美國南方人、一位律師的遺孀，對國際政治深感興趣。五十中旬的佛洛姆用書信、親吻和誓言來追求她，此後的二十八年持續深情款款。正是這種承諾和熱情為《愛的藝術》設定了私人脈絡。

《愛的藝術》藉助了佛洛姆的全部體驗。我們是社會動物，因著我們的分離性而陷入焦慮。文化提供消除這種焦慮的簡單和虛假方法：變得和別人一模一樣。它邀請我們消費同樣的商品、從事同樣的工作和訂定相同的目標，也就是透過從眾和不重要的微小差異來界定自己。但如果我們缺乏勇氣成為個體，我們就會永遠搆不著愛，因為「愛是在保存一己完整的前提下達成的合一」。愛不是拿取，不是出於不安全感。它始於給予：給予別人我們的喜樂、興趣、了解、幽默和憂傷，將「所有在我們身上活躍展現的一切」給予別人。

對佛洛姆來說，愛是對商業理念的反抗。他特別看不起高級雜誌中那些把幸福婚姻形容得像是企業中階管理團隊的文章。他寫道：「這一類關係雖然潤滑良好，但兩人一輩子都是陌生人。」就連作為孤獨的避風港的愛也是註定失敗。去愛首先就是張大雙眼和人類打交道。「如果有人想把他的客觀性保留給他所愛的人，以為他對其他人可以免除客觀，他將很快發現他在這兩方面都是失敗的。」

不過，若說佛洛姆是個批判者，那他的目的只是為了拯救一些可稱為「美國本色的」的原則。他認為愛是自主（autonomy）的一個面向，主張「愛鄰人如己」的誡命證明了「對一己的愛和對任何他人的愛是不可分的」。在佛洛姆看來，這個弔詭——個體性和融合的辨證——無所逃於天地之間。

今日有些兩性理論家會更進一步指出，自主是一種太過陽性的價值觀。因為缺少了別人而感覺不完整並不是一種軟弱的表徵，反而是具有充分人性的表徵。不過，佛洛姆似乎也預示了這種觀點。他把男女合一視為一種理想，但男女合一又不僅是一種與對方的合一。即便男女之愛看似把其他一切排除在它的狹窄邊界之外，但它會「在愛另一個人中愛全人類，愛所有生命」。

佛洛姆接著解釋這要如何做到。就像宗教信仰一樣，愛是一種實踐。他如此描述其元素：紀律、專注、耐性和對愛的藝術的掌握。我們必須成為怎樣的人？我們必須持有何種態度？就像自由一樣，愛需要勇氣。愛是一種我們能夠在自己身上培養的能力。然後，即便「資本主義的基本原則和愛的原則確是格格不入」，我們仍然可能找到去愛的空間。

這些結論聽起來很有道理。它們超越了佛洛姆在二十世紀中葉參與的衝突（例如社會主義內部和精神分析內部的爭論），因為佛洛姆超越了它們。為什麼《愛的藝術》能夠留存下來？因為我們知道佛洛姆切中要害：我們無法透過懶惰地屈服於文化的誘惑而找到愛。我們擺盪於遷就和侵略性之間一樣毫無用處。想要改變我們所得到的愛，我們必須改變我們給出愛的能力。

但這本書能夠保持長青，也是因為佛洛姆的人格個性。它的題材、書名、意見、願景和主旨——作為讀者，我們發現這些元素來自一個關心我們的人。佛洛姆從來不會奉承。他知道我們的弱點，知道什麼正處於危險中。但他同意我們的目標：同意愛至為重要，不是某些膚淺的看法可以取代。他曾經親歷過這個問題，用一些他珍視和他自己具備的特質（特別是他稱為「客觀性」的洞察力）來處理過它。最後，我們會在五十年後繼續讚譽《愛的藝術》，是因為當我們讀它時，會發現有一個不同凡響的身影在其中。佛洛姆的傑出之處不只是富於智力，甚至不只是富於智慧。這本書的各方面都流露著那些被佛洛姆推舉為最重要的人格特徵：自覺、謙卑和勇氣。這就是他的論證的證明。聽著這樣一個人說話時，我們感覺受到挑戰、受到支持和感覺被愛。

——彼得・克拉瑪（Peter D. Kramer，

《神奇百憂解》作者），

寫於二〇〇六年

前言

讀者如果抱著愛的藝術是容易學會的心態讀本書，將會感到失望。因為正好相反，本書的目的是要顯示，愛不是任何人能夠輕易縱情享受，而且與人的成熟程度息息相關。它想要說服讀者，除非他們設法以最積極的方式發展自己的整體人格，因而達到一種創造性取向（productive orientation）[1]，否則他們任何去愛的企圖都註定失敗。另外，如果沒有愛鄰人的能力，不具備真正的謙卑、勇氣、信仰和紀律，就不可能得到愛的滿足。在一個這些素質極其罕有的文化中，愛的能力也必然極其罕有。不信的話，人人都可以撫心自問，他看過多少真有能力愛人的人？

然而，愛是困難的，不代表我們有理由在困難面前退避三舍，不代表可以不去努力認識獲得愛的條件。為免不必要的複雜化，本書努力避開使用專門術語。出於同樣理由，我也盡量減少引用討論愛的文獻。

但另一個問題是，我沒有找到完全讓人滿意的解決方法，也就是我無法避免重提我在以前的著作中提過的一些觀念。熟悉拙作的讀者——特別是熟悉《逃避自由》、《自我的追尋》和《健全的社會》三書的讀者——將會發現，本書有很多觀念在這些前作中出現過。但《愛的藝術》絕不是昔日作品的摘要複述。這書有很多新的見解，而即便是舊見解，有時也會是從一個新的角度切入。這不奇怪，因為這些見解都是圍繞著一個題目打轉，也就是愛的藝術。

——埃里希．佛洛姆

【註釋】

1. 譯註：佛洛姆把人格分為兩大類型，一是「創造性取向」，一是「非創造性取向」。在「創造性取向」人格中，個體創造性地運用了自身的力量，實現了自身的潛能，因而是一種健康人格。「創造性」是佛洛姆的一個中心概念，下文會一再出現。

一無所知的人一無所愛。一事不做的人一事不懂。一事不懂的人一文不值。懂很多的人能夠愛、關懷和了解……對一件事了解得越深，愛的程度也越深……如果有人以為所有的水果都是和草莓同一時間成熟，他對葡萄就是一無所知。

——帕拉塞爾蘇斯（Paracelsus）

第一章

愛是一門藝術嗎？

一如生活是一門藝術，愛乃一門藝術。

愛是一門藝術嗎？如果是，它就要求知識和努力。還是說，愛是一種愉悅的感受，一種偶然發生的經驗，是人在運氣好的時候會「墜入」其中的東西？這本小書是以前者的假定為基礎，而毋庸說，今天大部分人所相信的則是後者。

這不是說人們認為愛不重要。人們對愛如飢似渴。人們看無數講述快樂或不快樂的愛情故事電影，聆聽數以百計沒有用處的愛情歌曲。然而幾乎沒有人認為愛有什麼需要學的。

這種奇怪的態度是奠基於好幾個前提，這些前提有些單獨產生作用，有些則是結合在一起發揮作用。大部分人認為愛的問題主要是被愛，而不是去愛，也就是與愛的能力無關。因此，愛的問題對他們來說就是如何能夠被愛，如何能變得可愛。他們沿著幾條途徑追求這個目標。一條途徑（男性常用）是在自己的社會地位許可的情況下盡量追求成功，盡量變得有權勢和富裕。另一條途徑（女性常用）是透過打點身材和穿著讓自己變得有吸引力。其他增加吸引力的方法是男女通用，包括培養怡人的風度、有趣的談吐、樂於助人的態度和不得罪人的謹慎等。很多讓自己變可愛的方法和追求成功的方法一樣，也就是「贏得朋友和影響別人」。事實上，在我們的文化中，大多數人心目中的可愛，無非是指成為一個既為大眾喜愛又有性吸引力的人。

人們之所以認為愛無需學習，第二個前提是假定愛的問題是對象的問題，而不是能力的問題。人們習慣認為，去愛是簡單的，而尋找值得愛的對象——或被值得愛的對象所愛——是困難的。這種態度源於好幾個根植於現代社會的發展的原因。原因之一是對「愛的對象」的選擇，在二十世紀發生重大的變革。在維多利亞時代——如同很多傳統文化——愛多半不是可能會走向婚姻的自發性個人經驗。相反的，婚姻多半是透過男女雙方的家庭或介紹人締結，主要考量是門當戶對，至於愛情則被認為在男女雙方婚後自然就會產生。最近幾十年，浪漫愛情觀在西方世界大行其道。例如在美國，傳統性質的婚姻雖然尚未完全絕跡，但絕大部分人追求的都是「浪漫愛」，也就是被認為應該作為婚姻基礎的個人愛情體驗。這種自由戀愛的新觀念必然大大加強愛的對象的重要性，讓愛的能力的重要性相形見絀。

當代文化的另一個典型特徵與這個因素密切相關。我們的整個文化都是奠基於購買慾，奠基於互利交換的觀念。現代人的快樂包含在打量商店櫥窗時的悸動，和用現金或分期付款消費買得起的一切。他們用相似的方式看待別人。就男性而言，有吸引力的女性是他所要追求的獎品（女性的獎品則是有吸引力的男性）。「有吸引力」通常是指具備能在人肉市場上受到歡迎的特徵。什麼東西能使一個人有吸引力取決於一個時期的時尚，生理條件和精神氣質兩方面皆是如此。在二〇年代，一個抽菸喝酒、野性難馴和性感的女子會被看作是富有吸引力，今日的標準則換成溫馴羞怯。在十九世紀晚期和二十世紀初期，男性想要有吸引力必須具有侵略性和野心，如今卻是善於社交和厚道的男子更受歡迎。不管怎樣，墜入情網的情況通常只會發生在我和我交換得起的「人類商品」之間。我在做一筆交易，所以我既要考慮對方從社會價值的角度來說是否值得我追求，也要考慮對方會不會基於我已表現的實力和潛在的實力看中我。這樣，當兩個人考慮了各自的交換價值的限度，感到他們已經找到了在市場上所能得到的最佳對象時，他們便相愛了。通常，就像購買房地產一樣，對象隱藏的發展潛力在這類交易中可以扮演重要角色。在一個文化中，當市場取向大行其道，當物質上的成就被視為傑出的價值，我們就沒有什麼理由納悶，人類的愛情關係也是遵循支配著商品市場和勞動市場的那一套交換模式。

第三個導致人們誤以為愛沒有什麼好學的理由，在於混淆了起初的「墜入」情網經驗和永久性的「在愛中」的狀態。如果兩個人本來是陌生人（其實人人皆如此），如果他們之間的牆突然垮陷，雙方因而感到親密無間，感到合而為一——這確實是生活中最讓人興奮和刺激的經驗，對那些一直身處封閉、孤立和沒有愛的狀態中的人來說尤其妙不可言，驚喜莫名。這種突然變親密的奇蹟若是結合了性的吸引與銷魂，強烈程度往往倍增。但這種類型的愛就其本質來說是無法持久的。當兩個人越來越熟悉，他們之間的親密就越來越失去神奇感，到最後，他們的對立、失望和彼此厭煩會扼殺掉最初的興奮所殘留下來的任何一點東西。當然，一開始雙方都不會預見到這個局面。事實上，人們往往把如癡如醉的入迷、把對對方的「瘋狂」愛戀看作他們高強度愛情的證明——儘管那也許只是證明了兩個當事人本來有多寂寞。

雖然有大量反證存在，認為沒有事情比愛還容易的態度依然大行其道。幾乎沒有什麼活動或事業像愛那樣，帶著那麼巨大的希望與期許展開，卻又那麼固定地以失敗告終。如果這種情形發生在任何其他活動，人們一定會急切地找出失敗的原因，力求改進——不然他們就會乾脆放棄。但由於放棄愛是不可能的，因此似乎只有一種方式可以令人滿意地克服愛的失敗，那就是考察這種失敗的原因，以及著手研究愛的意義。

必須採取的第一步是認清：一如生活是一門藝術，愛乃一門藝術。如果想要學會怎樣去愛，我們就必須以學習任何其他藝術（例如音樂、繪畫、木工、醫學或工程藝術）的相同方式著手。

學習任何藝術有哪些必要步驟？

學習一門藝術的過程可以分為兩部分，一是掌握理論，另一是掌握實踐。如果我想要學會醫療的藝術，我必須先懂得人體的結構和各種疾病的知識。有了這些理論知識之後，我還不能說是醫術的能手。只有當我經過了長久的實踐，最終把我的理論知識和我的實踐結果融合為一，融合成為我的直覺，我才算精於醫術，因為直覺是精通任何藝術的標誌。除了學習理論和實踐外，還有第三個因素是精通任何藝術所必需，那就是把精通一門藝術看成終極關懷（ultimate concern），認定世界上沒有事情比精通該項藝術更重要。這道理對音樂、醫學和木工來說是如此，對愛來說也是如此。這也許就是為什麼我們這個文化中的人雖然在愛上遭到明顯的失敗，卻幾乎從不試圖去學習這門藝術。人們內心雖然深深渴望愛，但人卻把幾乎一切其他事情——成就、聲望、金錢、權力——看得比愛更重要。人們把幾乎所有精力用在學習怎樣達到這些目標，不留任何精力去學習愛的藝術。

是不是只有那些我們認為能贏得金錢和名譽的事物才應被看成是值得學習的，而愛——它在現代意義上「僅僅」有益於靈魂而無利可圖——則是一種我們沒有權利對之耗費太多精力的奢侈品？不管答案為何，下面我將按照上述的劃分來討論愛的藝術：首先討論愛的理論（這將占去本書大部分篇幅），其次討論愛的實踐。就像在任何其他領域一樣，愛的實踐沒有多少是能夠用嘴去說的。

第二章

愛的理論

愛超越思想，超越語言文字。

一、愛：人類生命難題的解答

任何愛的理論都必須以人的理論為起點，以人類生命的理論為起點。雖然我們可以在動物中找到愛（更正確地說，是找到近似愛的東西），牠們的愛主要是本能的一部分。這種本能只剩下一小部分仍然在人的身上運作。人類的生命本質在於他已脫離了動物界，脫離了本能，超越了自然界（不過他永遠不會離開自然界，永遠是其中一部分）。然而，一旦他和自然界分離，就永遠不能返回。一旦他被逐出天堂（與自然界的原始合一狀態），手執火焰劍的天使就會擋住人的歸路。人只能夠透過發展理性，繼續向前走，尋找新的和諧狀態，不能指望回到一去不復返的太初和諧。

當人誕生（這裡的人兼指全人類和個人），就從一個確定的處境中被拋出（這處境和本能一樣確定），被拋入一個不確定和開放的處境之中。這時候，唯有過去的事情是確定，而對於未來，只有死亡是確定。

人與生俱來擁有理性：他察覺到自己為生命的生命。他察覺到自己，察覺到其他人類，察覺到自己的過去，並察覺到自己未來的種種可能性。他發覺自己是一個與他人分離的個體，發覺自己生命短暫，發覺自己生不由己、死亦不由己，發覺自己將先於他所愛的人死去或他們比他先死，發覺自己孤單而分離[1]，發覺自己在自然和社會的力量之前無依無助——這一切使得他那分離和不合一的生命，對他來說成為一個讓人不堪忍受的牢獄。如果他不能從這個牢籠掙脫出來觸及外界，用某些方式與他人和外在的世界合一，他就會陷於精神錯亂。

分離感會引起焦慮——事實上它是所有焦慮的根源。分離意味著被切斷，沒有能力運用人的天賦能力。因此分離意味著無依無靠，意味著不能主動地把握世界（事物和他人）；它意味著外界能侵犯我，而我則無力對此做出反應。這樣，分離性便成了嚴重焦慮的根源。除此之外，它還會引起羞愧和罪惡感。這種因分離而生的罪惡感和羞愧在《聖經》關於亞當和夏娃的故事中得到了表現。當亞當和夏娃偷吃了知識樹上的禁果之後，當他們不服從之後（若不是有不服從的自由，便不會有善惡之分），當他們把自己從與自然界的動物性和諧中解放出來之後（也是當他們誕生為人類之後），他們看到「自己赤身露體，為此而感到羞愧」。對這樣一個古老而原始的神話，我們可否將十九世紀那種一本正經的道德觀加上去，說這個故事的重點在於告訴我們，亞當和夏娃是因為他們的性器被看到了，所以感到困窘？這種解釋幾乎肯定不對。如果我們本著維多利亞時代的精神來理解這個故事，就會失去它的重點。這個重點看來是這樣：在男人和女人意識到自己和彼此之後，他們意識到他們的分離，意識到他們彼此有別，因為他們有不同的性別。雖然意識到彼此的分離性，但他們仍然是陌生人，因為他們還沒有學會愛彼此（可以清楚顯示這一點的是，亞當透過怪罪夏娃為自己辯護，而不是設法為她辯護）。察覺到人類的分離性又沒有透過愛來達成合一——這是羞愧的根源。它同時是罪惡感和焦慮的根源。

所以人的最深切需要是克服分離狀態，離開孤單之牢。這個目標的完全失敗會讓人精神錯亂，因為完全孤立的恐慌，只有透過從外在世界的徹底撤離才能克服。這時，分離感會消失，因為讓他被分離在外的那個外在世界已經消失。

不同時代和文化的人面對著同一個難題：怎樣克服分離，怎樣實現合一，怎樣超越個人的生命找到一體性？不論是住在山洞裡的原始人、看管牛羊的遊牧民族、埃及的農夫、腓尼基商人、羅馬士兵、中世紀僧侶、日本武士，或現代社會的職員及工廠工人，所面臨的都是這同一個問題。這個問題是相同的，因為它是從同一個根源冒出。這個根源就是人類的處境，人類生命的狀況。但對這個問題的回答卻是形形色色：或者是動物崇拜，或者是活人獻祭，或者是軍事征服，或者是奢侈放縱，或者是禁慾苦行，或者是狂熱工作，或者是藝術創作，或者是愛上帝，或者是愛人。不過，雖然答案很多（全都記載在人類的歷史裡），它們並非不可勝數。正好相反，只要我們把那些只屬於表面的差異略去不談，就會發現人類所提出的答案極其有限，而這些答案各與所身處的文化相應。宗教和哲學的歷史就是這些答案的歷史，就是這些答案的多樣性歷史，也是它們在數量上的有限性歷史。

這些答案多多少少依個人所達到的個體化程度而定。在嬰兒期，「我」（I-ness）的發展還非常有限。他仍然覺得與母親是一體，只要母親在身邊，他就沒有分離感。他的孤單感由於母親在身邊，由於母親的乳房與肌膚而得到醫治。只有當小孩的分離感和個體感發展起來，母親的存在才不足以消除他的孤單感，讓他必須以其他方法克服這種孤單感。

類似的情況，處於嬰兒期的人類仍然感覺自己與大自然是一體。土地、動物和植物依然是人的世界。把自己認同於動物這種情況可見於他佩戴動物面具、崇拜圖騰動物或崇拜動物神的舉動。但人類越是從這些原始的結合中擺脫出來，他們和自然界就越是分離，尋找擺脫分離的新途徑之需求就越是強烈。

達到這個目的的手段之一是各式各樣的狂歡迷亂狀態。這些狀態有時是藉助自我催眠，有時是藉助藥物達到。原始部落的許多儀式對於這種解決方式提供了鮮明的畫面。在暫時的亢奮狀態中，外在世界消失了，分離感亦隨之一同消失。由於這些儀式是集體進行，所以會讓人有一種與群體融合的感覺。這使得此種解決方式更為有效。與這種狂歡解決法密切相關，也常常混合在一起的，是性的體驗。性高潮可以產生類似於催眠的效果或如同某些藥物的效果。集體交歡儀式是許多原始儀式的一部分。看起來，在這種狂歡迷亂之後，人會有一段較長時間不太受分離感所苦。不過焦慮的壓力還是會再次慢慢累積，最終再次需要透過舉行儀式來紓解。

只要這些狂歡迷亂狀態是一整個部落所共同追求，就不會引起焦慮或罪惡感。

這樣做被認為是對的，甚至被認為是有德的，因為那是人人奉行，受到巫師和祭司的嘉許和要求。所以人沒有理由會感到罪惡感或羞愧。但生活在已經失去這種儀式的文化中的人，如果選擇同一種方式去克服孤單感，情形就另當別論。酗酒和吸毒是生活在非狂歡迷亂文化中一些人所選擇的方式。與生活在狂歡迷亂文化中的人不同，這些人受到良心的譴責。他們想要透過酗酒和吸毒去克服孤單感，但孤單感在狂歡迷亂過後不減反增，所以不得不以越來越高的頻率和強度去酗酒和吸毒。與此只有稍微不同的是性縱慾的解決方法。某種程度上，性愛是克服分離狀態的自然和正常的方法，是對於孤立問題的一部分解答。但很多人因為沒有其他辦法來減輕分離感，因而性狂歡對他們的作用就和酗酒與吸毒無大不同。它成了一種逃避由分離感產生的焦慮的莫可奈何方法，但帶來的結果只會越來越孤單，因為沒有愛情的性交頂多只能片刻填補兩個人之間的鴻溝。

所有藉由狂歡迷亂達到合一的方式皆有三個特徵。首先，這些方式都是強烈的，甚至會很激烈；其次它們需要整個人——包括身心——都投入進去；第三，它們的效果轉瞬即逝。然而，過去和現在最常為人所採用的合一方式在性質上恰恰與此相反。這種合一是建立在從眾（conformity），建立在服從群體的風俗、習尚和信仰。這種方式也有一個相當悠久的發展過程。

原始時代群體的規模都很小，主要是由有血緣關係和分享同一片土地的人構成。隨著文化的逐漸發展，群體擴大起來，成為一個城邦、一個國家和一個教會。就連貧窮的羅馬人也因為他們可以說「我是羅馬公民」而感到驕傲。羅馬和帝國是他們的家，是他們的世界。在當代西方社會，以群體合一的方法來克服分離性大行其道。在這種合一中，個人的自我大幅度消失，其目的是要使自己隸屬於「畜群」（herd）[2]。如果我和任何其他人相似，如果我沒有會讓我與別人不同的感情和思想，如果我的習俗、穿著和想法都符合群體的模式，我就得救了，從駭人的孤單經驗中被拯救出來。獨裁政權用威脅和恐怖手段達成一致化，民主國家則是透過暗示和宣傳手段達至。當然，這兩種政體之間有一處極大的不同。在民主國家，不從眾是可能的，但在極權制度，只有少數非凡的英雄和烈士勇敢得足以拒絕順從。雖然有這種差異，民主社會的人民卻顯示出強烈的一致性。其理由在於，合一的問題必須獲得解決，又如果沒有其他方式或更好的方式，那麼透過從眾來合一便會大行其道。只有明白了克服分離的需要極其深切，我們才能明白人們何以如此懼怕與眾不同和偏離群體。有時這種對不從眾的恐懼，會被合理化為對實際危險的恐懼，但事實上，人們自己想要從眾的程度遠高於他們被迫從眾的程度——至少西方民主社會的情況是如此。

大多數人甚至察覺不到他們有從眾的需要。他們生活在一種錯覺中，以為他們是順著自己的想法和嗜好行事，以為他們是個體，以為他們的見解是自己思考的結果——只是這些見解正好和大多數人的見解相同。所有人的見解一致又證明了「他們」的見解正確。又由於人們仍然有需要感覺一些個體性，他們便用各種微小不同來滿足這種需要。手提包或運動衫上的姓名縮寫，出納員的名牌，支持民主黨而不支持共和黨，屬於愛鹿協會（Elks）而不屬於祕壇宗（Shriners）——這些都是個人差異的表達。廣告口號「它與眾不同」道出了對差異性那可憐兮兮的需要，哪怕在現實上這種差異性已近乎不存在。

不停增強的消除差異趨勢與平等概念，與在最發達的工業社會中發展密切相關。原先，在一個宗教的脈絡裡，平等是指所有人都是上帝的子女，所有人都分享著相同的人性和神性，因此所有人是一體。它同時表示個體間的差異必須被尊重，表示雖然所有人是一體，但每個人仍然是獨一無二的個體，自成一個小宇宙。例如，為強調個人的獨一無二，《塔木德》這樣說：「凡拯救一個生命的人就如同拯救了全世界，凡摧毀一個生命的人就如同摧毀了全世界。」平等作為個體發展的條件，也是該概念在西方啟蒙運動中哲學的意義。它表示（把這意思說得最清楚的人是康德），不可把任何人當做達成別人目的的手段。因為所有人都是目的而不是別人的手段，所有人都是平等的。追隨啟蒙運動的觀念，不同流派的社會主義思想家把平等界定為廢除剝削，廢除人對人的利用（不管這種利用是殘忍還是人道的）。

在當代的資本主義社會，平等的意義已經變質。人們所謂的平等乃是機器人之間的平等，是失去個體性的人之間的平等。平等在今日意謂「一模一樣」而非「一體」。這種一模一樣是把個體性抽離之後的剩餘物，指人們從事相同的工作，進行相同的娛樂，讀同樣的報紙，有著同樣的思想感情。就此而言，對於現代社會所達成和被譽為進步標誌的某些成就，例如男女平等，我們不得不以懷疑的眼光看待。毋庸說，我並不反對男女平等，但這種平等傾向的積極意義必須不是騙人的。它已經成為取消差異傾向的一部分。男女平等是以這種代價換來的：女性與男性平等，是因為她們與男性已經沒有不同。啟蒙哲學所主張的 L'âme n'a pas de sexe（靈魂沒有性別），已經成為普遍的實踐。性別上的兩極性正在消失，隨之一同消失的是以這種兩極性為基礎的性愛（erotic love）。男人與女人變成了一模一樣，不是作為對立的兩極而平等。現代社會鼓吹這種無個體之分的平等，是因為現代社會需要「原子人」（human atom）。這些「原子人」彼此一模一樣，集合在一起時可以毫無摩擦地運作。他們服從一模一樣的命令，但是每個人又相信自己是依照自己的意願行事。就像現代的大量生產過程要求商品的標準化，社會過程也要求人的標準化，而這種標準化被稱為「平等」。

透過從眾所達成的合一並不強烈和激烈。它是平靜的，為常規所支配，而正因為如此，它常常不足以撫慰分離的焦慮。當代西方社會中酗酒、吸毒、強迫性性行為和自殺現象增多的趨勢，正是從眾解決法相對失敗的表徵。再者，這種解決方式主要是關於心靈而不是肉體，因之，它的涵蓋面不及狂歡迷亂解決法。從眾解決法只有一個好處：它是永久的，不是間歇性的。個人在三至四歲時被引導進入這種從眾模式中，從此不會失去與「畜群」的聯繫。甚至他的葬禮——他在世上的最後一件社會性大事——也恪守著這一模式。

除了以從眾作為紓解分離焦慮的方法外，我們也必須考慮現代生活中的其他一個因素：工作的千篇一律化和娛樂的千篇一律化。如今，人變成一個朝九晚五工作者。他是勞動力的一部分，或者是辦公室層級結構的一部分。他極少創發性，他的工作是工廠組織所規定，甚至這個層級頂端和底層的人之間也沒有什麼不同：他們都是在執行由整個組織結構所規定的工作，他們的速度是被規定的，他們的態度也是被規定的。甚至連他們的情緒也是被規定的：愉快、容忍、可靠、進取，以及和每個人都處得來，不會發生摩擦。他們的娛樂方式即使不那麼強求一律，也都是大同小異。閱讀的書是讀書俱樂部所指定，看的電影是電影院老闆和他們出錢刊登的廣告所定。其他的娛樂方式也是千篇一律：星期日開車兜風、看電視、打牌和參加派對。從生到死，從星期一到星期日，從早到晚，所有的行動都是千篇一律和按照預定的方式進行。試問，被困在這麼一張羅網中的人如何能不忘記他是一個人，只會活一次，懷有希望、失望、擔心和恐懼，渴望愛而害怕虛無與分離？

第三個達到合一的方法是從事創作活動，不管是藝術家還是工匠的創作活動。在任何種類的創作活動中，創作者都會把自己和材料（代表著他的外在世界）結合為一。無論是木匠造一張桌子或是金匠打一件首飾，無論是農民種田或是畫家作畫，在每一種創作性的勞動中，勞動者和他所勞動的對象會二合為一，讓人在創作的過程中與外在世界統一起來。然而，這種情況只發生於創造性工作（productive work）中，只發生於那種由我來計畫、由我來生產，由我來看到工作結果的工作中。在現代社會裡，對一個在運轉不息生產線旁工作的工人來說，工作中這種與外在世界的合一已經少得幾乎沒有了。勞動者成為機器或辦公室層級結構的附屬品。他不再是他自己，也因此除了從眾以外沒有其他可以達成合一的方式。

由創造性工作達成的合一不是人際（interpersonal）的合一；由狂歡式融合達成的合一是轉瞬即逝；由從眾達成的合一只是假合一——因此，這些方式對於人類的生命難題只提供了片面的解答。完滿的答案寄託在人際合一的達成，寄託在與他人在愛中的融合。

渴望人際融合是人的生命中最強有力的渴求。那是最基礎的激情，是驅使人類相聚的力量，是家庭、氏族和社會的成因。這方面的失敗會讓人精神錯亂或毀滅——毀滅自己或毀滅他人。沒有愛，人類連一天也不能存在。然而，當我們把人際合一的成就稱為愛的時候，我們發現自己遇到了嚴重的困難。融合可以由不同的方式達成，而這些不同方式的重要性並不亞於不同種類的愛的共通性。我們能一概稱之為愛嗎？還是說我們應該把「愛」字保留給特定種類的合一，而該種合一是近四千年來，在東方和西方歷史中被所有的人道主義宗教和哲學體系看作是最高的準則的？

就像所有語意學難題那樣，這個問題的答案只能是武斷主觀的。但真正重要的是，當我們說「愛」這個字的時候，我們知道我們是在談哪一種類的合一。我們所談的究竟是作為生命難題的成熟解答的愛，還是那種我們可以稱之為共生合一（symbiotic union）的不成熟的愛？在後文，我只會稱前者為愛。不過，我對愛的談論將會從後者談起。

「共生合一」的生物學模式可見於懷孕母親和胎兒的關係中。他們既是二，又是一。他們共同地生活在一起，互相需要彼此。胎兒是母親的一部分，從母親得到一切所需。母親可說是他的整個世界。她餵養他，保護他，但自己的生命又因為胎兒的存在而擴大。**在心理性**「共生合一」的情況中，兩個身體是彼此獨立，但心理上則存在著與上述相同的相互依賴。

「共生合一」的被動形式是屈從，用醫學術語來說就是**受虐狂**（masochism）。受虐狂者賴以逃離無法忍受的孤立感和分離感的方法，是讓自己成為另一個人的一部分，讓對方指揮他，引導他，保護他。這個人就像是他的生命，是他的氧氣。對方（不管他是個人還是個神）的力量會受到膨脹。他是一切，我什麼也不是，而如果我能說我是什麼，我只能說我是他的一部分。而作為一部分，我是偉大、權能和確定性的一部分。受虐狂者用不著做決定，用不著冒任何危險。他從不孤單，但他不是獨立的，沒有完整性，還沒有完全出生。在宗教的脈絡中，被崇拜的對象被稱為偶像；在世俗的脈絡中，受虐狂式的愛之關係在本質結構上仍屬偶像崇拜。受虐狂式的愛之關係可與性慾摻雜在一起。在這種情況中，屈從的就不是只有心靈，而是還有整個身體。人還能夠受虐狂式地屈從於命運、疾病、音樂，和由毒品或催眠引起的狂迷狀態。在所有這些情況中，當事人都拋棄自己的完整性，讓自己成為某人或某種外在事物的工具。他不需要透過創造性活動（productive avtivity）解決生活的難題。

「共生合一」的主動形式是支配，用對應於受虐狂的心理學術語來說便是施虐狂（sadism）。施虐狂者想要透過讓別人成為自己的一部分，逃離自己的孤單感和被囚禁感。他用吞噬其他人——他的崇拜者——的方式來膨脹和擴大自己。

施虐狂者對屈從者的依賴不下於後者對前者的依賴。兩者都不能沒有對方，差別只在於施虐狂者命令、剝削、傷害和羞辱受虐狂者，而受虐狂者被命令、被剝削、被傷害和被羞辱。在現實的層次，兩者的差別很大，但在更深刻的情緒層次，兩者的差別就不大於它們的共同處：都是一種沒有完整性（integrity）的融合。明白了這個，我們就不會驚訝於發現通常一個人會根據對象的不同作出施虐狂或受虐狂的反應。希特勒對人民主要是採取一種施虐狂的態度，但對於命運、歷史和自然界的更高力量則是採取受虐狂的態度：他的結局——在一片天崩地裂中自殺——就像他的統治世界大夢一樣具有典型性。3

與「共生合一」不同，成熟的愛是在保存一己完整的前提下達成的合一，是在保存一己個體性的前提下達成的合一。愛是人身上的主動力量，這種力量會突破人與人之間的藩籬，把人與他人合一起來；愛可以讓人克服孤立感和分離感，但又讓人仍舊可以做自己，保留自己的人格完整性。在愛中，出現了兩個人是一又仍然是二的弔詭。

如果我們說愛是一種活動（activity），面對的麻煩是這個詞有歧義。在現代的用法中，「活動」一詞意指以消耗精力的方式使某種既有狀態發生改變。所以當一個人從事商業買賣、研讀醫學、站在不停歇的生產線旁邊工作、製造一張桌子或從事運動，會被認為是積極主動（active）。這些活動的共通處是它們都追求達成一個外在目標，至於活動的動機卻不在考慮之列。譬如說有些人是被深刻的孤單感所驅使而不停工作，另一些人則是被野心和貪心所驅使而不停工作。在這兩個情況中，當事人都是某種情緒的奴隸，他的活動事實上是一種「被動」，因為他是被驅使的，是蒙受者而不是原動者。另一方面，如果一個人靜靜坐著，除了體驗自己的生命和自己與世界的合一之外，沒有任何其他目的和意圖，則人們往往認為他是消極被動的，因為他沒有「做」任何事。事實上，這種專注的冥想態度是最高的活動，是一種靈魂的活動，只有在擁有內在自由和獨立的條件下方能產生。第一個活動的概念——現代的概念——指利用精力來達成外在目標，另一個活動的概念則專指運用人的天賦力量，不管它會不會帶來外在改變。把這種活動的概念說得最清楚的人是史賓諾莎（Baruch de Spinoza），他把主動情感和被動情感加以區分，稱前者為「行動」（action），稱後者為「激情」（passion）。在主動情感的發揮中，人是自由的，是自己情感的主人；在被動情感的發揮中，人是被驅動的，受到他自覺不到的動機所制約。史賓諾莎由此獲得了美德和力量是同一回事的結論。[4] 妒忌、野心或任何種類的貪婪都是「激情」，愛卻是一種「行動」，是人的力量的發揮——這種力量只有在自由中方能發揮，從不會是被強迫的後果。

愛是一種活動，不是一種被動的感情。它是「屹立於」而不是「墜入」。在最一般的意義上，愛的主動性特徵可以這樣描述：愛主要是給予（giving），而不是領受（receiving）。

何謂給予？這個問題的答案看似簡單，實則充滿歧義性和複雜性。對給予最常見的誤解是假定給予就是放棄某些東西，是被剝奪和作出犧牲。一個人的性格如果沒有發展成熟，沒有超越接受取向、剝奪取向和囤積取向的階段[5]，就會以上述方式理解給予行為。市場性格的人會願意給予，但一定要透過交換，只「給予」而沒有「領受」對他來說就是受騙。[6]那些性格取向主要是非創造性（non-productive）的人會感覺給予就是被別人拿走東西。因此，這種類型的人大多數拒絕給予。還有些人把給予視為一種自我犧牲，因此是一種美德。他們認為，正因為給予是痛苦的，所以才應當給予。給予之所以是美德，正因為犧牲是美德。對他們來說，施比受更有福的教諭，意味著體驗剝奪要比體驗快樂有福。

但是對有創造性人格的人來說，給予有著截然不同的意義。給予是能力的最高表現。在給予的行為中，我體驗到我的強壯、我的豐饒和我的能力。生命力和能力的這種豐盈高漲讓我滿心快樂。我體驗到自己在滿溢、支用、生氣勃勃，因之欣喜萬分。[7]施之所以比受更讓人快樂，不是因為那是一種剝奪，而是因為給予行為是在表現我的蓬勃生命力。

如果用這一原則來解釋各種特殊的現象，就不難認識它的有效性。最基本的例子可以在性領域裡找到。男性性行為的高峰就是一種給予的行為：男人把自己的性器官給予女人，在到達性高潮的一剎那把精液給予對方。只要他不是陽痿，他就會不能自已地這麼做。如果他不能給予，他就是陽痿。女人也是如此，只是情形較為複雜一點罷了。她也是把自己給予出去：她打開了通向她的女性中心的閘門，所以在領受的行為中也有所給予。如果她不能給予，如果她只能夠領受，她便是性冷感。當她從一個情人變為一個母親之後，給予的行為會再次發生。她會把自己給予在她體內慢慢長大的胎兒，會給予嬰兒奶水和體溫。如果不給予，對她來說將是痛苦的。

在物質的領域內，給予意味著富有。真正可被視為富有的不是那擁有許多的人，而是那給予很多的人。一個囤積者不論有多少財產，如果他整日為損失金錢擔心害怕，那麼在心理意義上他乃是貧窮的人，匱乏的人。願意把自己所擁有的給予他人的人卻是富有的，他感覺到自己是一個有能力幫助別人的人。只有僅能維持最起碼溫飽的人才不能享受施予的喜樂。但日常經驗也顯示，一個人的最低生活需要不僅依他實際擁有之物而定，同樣也依他的性格而定。眾所周知的是，窮人比富人更加願意施予。然而如果貧窮超過了某種界限，就會使得施予成為不可能，從而讓人雙重受苦：除了直接受貧窮的苦，還被剝奪去施予的喜悅。

然而，給予的最主要領域不是物質領域而是人的領域。一個人能給予另一個人什麼？他把自己給予出去，把自己最珍貴的東西給予出去，把生命給予出去。這不必然表示他為別人犧牲性命，而是表示他把他生命裡活生生的事物給予出去：把他的喜悅、他的興趣、他的了解、他的知識、他的幽默和他的憂愁給予出去。在這樣的生命之給予中，他豐富了他人，以增強自己生命感的方式擴大了他人的生命感。他給予並不是為了領受，給予本身便是狂喜。但在給予中，他不可避免地會把某些東西帶入另一個人的生命中，而這種帶入他人生命中的東西又會反射回來，回到他身上。在真正的給予中，他會不能自已地領受回贈他的東西。給予意味讓領受者也成為一個給予者，雙方都會分享因為彼此帶入生命中的東西所產生的喜樂。在給予行為中，某種事物誕生了，參與給予的這兩個人會共同感謝為他們所誕生的生命。表現在愛上，這意味著：愛是一種喚起愛的能力，而無能於愛就是缺乏能力去喚起愛。馬克思對此有精闢表達：「設想人就是人，設想人與世界的關係是一種充滿人性的關係，那麼你只能用愛去換愛，用信任換取信任。如果你想欣賞藝術，你必須是一個有藝術修養的人；如果你想對他人施加影響，你必須是一個能促進和鼓舞他人的人。你與人及自然的每一種關係必須是你真正個人生活的一種特定的、符合你的意志對象的表現。如果你在愛別人，但卻沒有喚起他人的愛，也就是你的愛作為一種愛情不能使對方產生愛情；如果作為一個正在愛的人你不能把自己變成一個被人愛的人，那麼你的愛情是軟弱無力的，是一種不幸。」[8]施就是受的情形不僅見於愛的領域。老師一樣可能被學生教導，演員一樣可能被觀眾啟迪，精神分析師一樣可能被病人治療——需要的只是他們不把對方看作物品，而是以真誠和創造性的態度互相對待。

幾乎不必強調的是，愛作為一種給予的能力，有賴人的人格發展。一個人如果要具有這種愛的能力，先決條件是他已達到由「創造性取向」主導的人格。在這種取向中，當事人已經克服了依賴性，克服了自戀性的全能心態，克服了剝奪他人或囤積的慾望，對自己的天賦類能力產生了信仰，有勇氣仰仗自己的能力達到自己的目標。他以何種程度缺乏這些素質，他就以何種程度害怕把自己給予出去，因此也就以何種程度害怕去愛。

除了給予之外，愛的主動積極性也明確顯示在它總是包含著的另外幾個基本元素：照顧、責任、尊重和了解。它們是一切形式的愛所共有。

愛包含著照顧這一點最明顯表現在母親對孩子的愛。如果母親對嬰兒缺乏照顧，如果她疏於給嬰兒餵奶、給他洗澡和給他身體上的舒適，則她再怎樣信誓旦旦保證她對嬰兒的愛，我們都不會聽信。反之，當我們看見她對小孩關懷備至，就會被她的愛感動。在這件事情上，即便是愛動物或愛花亦無不同。如果一個女人說她愛花，但我們卻看見她老是忘記給花澆水，就不會相信她的愛花之說。**愛乃對我們所愛者的生命及其成長的積極照顧。**當這種積極照顧欠缺，就沒有愛可言。愛的這個元素在《聖經．約拿書》中有生動描寫。上帝派遣約拿前往尼尼微，要他警告那裡的居民，說除非他們改變邪惡的生活方式，否則會遭天譴。但約拿不肯奉命，逃往他處，因為他害怕尼尼微人聽了警告會懺悔，得到上帝的寬恕。約拿有著強烈正義感，但缺乏愛心。然而，他在逃跑的過程中落入了鯨魚的魚腹中——這象徵他因為缺乏愛心和人類一體感而陷入的孤立和被囚狀態。後來上帝救了他，他也去了尼尼微，向居民傳達了上帝的話。他害怕的事情發生了：尼尼微的居民為自己的罪懺悔，改正了生活方式，所以上帝寬恕他們，決定不摧毀該城。約拿感到憤怒和失望，他想要看見的是「正義」的伸張而不是憐憫。最後，他在一棵樹的樹蔭下找到一些安慰。樹是上帝為他所造，讓他免於日曬。然而上帝又使這棵樹枯萎，約拿為此感到沮喪，憤怒地向上帝抱怨。上帝回答：「你不曾為這蓖麻付出勞力，也沒有使它生長。它一夜長成，一夜乾死，你尚且愛惜，何況尼尼微大城裡，其中不能分辨左手右手的居民有十二萬多人，並有許多牲畜，我豈能不愛惜呢？」上帝對約拿的這個回答，我們必須以喻意的方式來了解。上帝是在向約拿解釋，愛的本質是為某種事物「付出勞力」，是「使它生長」。愛和勞力是分不開的。我們愛我們為之付出勞力的事物，也會為我們所愛的事物付出勞力。

照顧和關懷隱含著愛的另一個層面：責任。今天，責任的意義往往是指任務，是指從外面加給一個人的負擔，但在其真正的意義上，負責任是一種完全自願的行為。它意指我們對另一個人已表現和未表現出來的需要之回應。「負責任」（responsible）意味著能夠和準備好「回應」（respond）。約拿並不覺得自己對尼尼微的居民有責任，他大可以就像該隱那樣說：「我豈是我兄弟的看顧者嗎？」但一個有愛的人卻會回應他人的需要。他兄弟的生命並不只是他兄弟自己的事，還是他本人的事。他感到自己對其他人類同胞負有責任，一如他感到他對自己負有責任。這種責任，以母親和嬰兒的關係來說，主要是對身體需要之關懷照顧。但在成人之間的愛，它卻主要是指對他人心理需要之關懷照顧。

如果缺乏愛的第三個元素尊重，責任感很容易變質為支配慾和占有慾。尊重不是恐懼和敬畏。按照字根（respicere：注視），它是一種認知他人獨特個體性的能力：他人是什麼樣子，我就照他的樣子來認識他。尊重表示我願意讓另一個人按照自己的本性去生長。因此尊重隱含著剝削的不存在。我希望我所愛的人依照自己的方式而不是以符合我需要的方式成長。如果我愛一個人，我會感到與他合一，然而我是按照他所是的樣子與他合一，並非把他當作一個合我所用的物品來需要他。清楚的是，只有當我已經達到了獨立的境界，我才可能尊重別人。我必須先能自己站立，自己行走，不需要枴杖，沒有了支配和剝削別人的心態，才可能尊重別人。尊重只能以自由作為基礎。正如一首法國老歌所說的：「愛是自由之子。」它絕不會是源於支配慾。

我們不可能在沒有真正了解一個人的情況下尊重對方：如果沒有了解的引導，照顧和責任就是盲目的。而了解如果不是以照顧為動機，它就是空洞的。了解有很多個層次，而作為愛的要素之一的了解不會滿足於一知半解，而是總是深入事物的內部。這種了解只有在我超越了自己的關懷，站在對方的處境來了解他的時候才能做到。例如，我也許能在某個人還沒有表示憤怒時知道他正在生氣，但我還可以從更深的層次去了解他。於是我了解到他是正在焦慮，正在憂心，知道他是感到孤單，感到罪咎。於是我知道了他的憤怒只是某種更深邃的東西的外顯。這表示，我認識到他是一個正在承受苦楚的人，不是一個憤怒的人。

了解和愛之間還有另一層關係，一層更基本的關係。想要和別人融合以超越一己分離性的籠牢之需要，是和另一種特別屬於人的慾望密切相關，這種慾望就是去了解「人的祕密」（secret of man）。雖然生命在生物層面便已經是一個奇蹟和祕密，但人在身而為人的層面更是一個深不可測的祕密——對一個人自己來說是如此，對他的人類同胞來說也是如此。我們了解自己，但即便作出最大的努力，我們並不了解自己。我們了解我們的人類同胞，但我們並不了解他們，因為我們並不是一件物品，我們的人類同胞也不是一件物品。我們越是深入自己的生命或他人的生命，我們所欲了解的東西就越是捉摸不定。但我們不能自已地渴望鑽探人的靈魂的祕密，渴望進入那最深的內核。

要了解這個祕密，有一個不擇手段的方式，那就是把另一個人完全控制。我們加在他身上一種力量，使他照我們的意思做，照我們的意思想，照我們的意思感受。這會把對方變為一件物品，一件我們的財物。這種企圖的極致是施虐狂：那是一種讓別人受苦的慾望和能力，是去折磨一個人，使之在痛苦中洩露自己的祕密。在這種穿透人的祕密的渴望中，寄寓著殘忍和破壞慾的主要動機。巴比爾（Issac Babel）曾非常簡潔地表達過這一點。他引述俄國內戰時他的一位軍官同僚的話（這軍官剛剛把他過去的主人踩死）：「開槍——其實我是可以這樣做的——只能讓你把一個傢伙幹掉……只用槍你永遠搆不著一個傢伙的靈魂深處，不會知道那靈魂是怎樣表現自己。但我不偷懶，我不止一次猛踩一個敵人一小時以上。你知道，我想要弄清楚生命究竟是什麼，生命在我們的猛踩下會變成什麼樣子。」[9]

在小孩身上，我們常常可以很清楚地看見這條求知途徑。他們把東西拆散或打破以便了解它。他們有時也會把動物肢解，殘忍地扯斷蝴蝶的翅膀，以了解其構造，強迫牠把祕密吐出來。這種殘忍是以一種更深的原因為動機：想要了解事物和生命的祕密的渴望。

另一條了解「祕密」的途徑是愛。愛是積極主動地穿透他人。在愛之中，我的求知慾望會因為合一而得到止息。在融合中，我了解了你，我了解了自己，我了解了每個人，但又一無所「知」。我是以了解活生生的事物的唯一可能方式去了解，即透過合一的體驗去了解，而不是透過思想。施虐狂的動機是想知道人的祕密，然而，用這種方法，我永遠像以前一樣無知。我是可以把別的生命一片一片肢解，然而我所做的只是毀滅。愛是了解的唯一途徑，它以合一回答了我的追問。在愛的行為中，在把自己給出去的行為中，在穿透他人生命的行為中，我找到了自己，我發現了自己，我同時發現了我們彼此，我發現了人。

渴望了解自己和其他人的心願濃縮在德爾斐神諭（Delphic motto）中：「認識你自己。」它是所有心理學的主要動力。由於這種願望是了解人的一切，是了解人最內在的祕密，因而永遠無法用一般的認知方式來滿足，即無法光靠思想來滿足。

即便我們比現在多了解自己一千倍，仍然搆不著最深處。我們將會繼續對自己來說是一個謎，一如他人將繼續是我們的一個謎。充分了解的唯一途徑是愛。愛超越思想，超越語言文字。愛是向合一體驗的大膽躍入。然而，思想上的知識，即心理學方面的知識，仍是在愛中進行充分了解之必要條件。為了認識他人的真實本相，或者說得確切些，為了克服錯覺，為了克服我對他的非理性的扭曲，我必須能夠客觀地了解他和我自己。唯有客觀地去認識一個人，我才能夠在愛中認識他的終極本質。*10*

了解人和了解上帝是並行的兩個問題。傳統西方神學是要設法透過思考了解上帝，作出一些關於上帝的陳述。它假定我們能夠用思想認識上帝。後來，神祕主義（正如我在稍後的章節中會設法說明，神祕主義是一神論的邏輯結果）放棄用思想來認識神，改為透過與上帝合一的體驗來認識上帝。這種體驗中，有關上帝的知識沒有存在的餘地，也沒有必要。

合一的體驗（不管是與人還是與上帝的合一）絕不是非理性的。相反的，如同史懷哲所指出的，它是理性主義的結果，是它最大膽和最徹底的結果。它是建立在我們對我們知識的基本侷限性的認知上。它了解到我們永不可能「抓住」人和宇宙的奧祕，但卻可以用愛來參與這奧祕。心理學作為一門科學有其侷限性，因此，正如神祕主義是神學的邏輯後果那樣，愛是心理學的最終後果。

照顧、責任、尊重和了解是互相倚賴的。它們是人格成熟的人身上同時出現的態度。人格成熟的人即是能夠創造性地發展自己能力的人，他們只想要自己為之努力的成果，放棄了全知和全能的自戀式迷夢，以及已經獲得的謙卑態度（這種謙卑是以只有真誠的創造性行為才能產生的內在力量為基礎）。

到目前為止，我在談論愛的時候，都是把它視為對分離性的克服，視為合一渴望的落實。但是在普遍性、存在性（existential）的合一需要之外，還有另一種特別的、生物性的合一需要：男性和女性的兩極結合。把這種兩極結合觀念表現得最為矚目的是一則神話。根據這則神話，男人與女人本來是一體，但後來被切開，自此，每個男性都在尋求自己的女性部分，以便與她重新合一。（兩性原本為一的觀念也見於《聖經》中夏娃是用亞當肋骨所造的故事，只不過這個故事具有父權主義色彩，暗示女人比男人低一等。）上述神話的意思是清楚的。性別的兩極化導致人以特別的方式尋求合一，即尋求與異性合一。男女兩極性的原則同樣存在於每個男人和每個女人之內。正如男人和女人在生理上同時擁有兩性的荷爾蒙，他們在心理上也是兩性共具。他們身上同時運作著接受原理與穿透原理，同時運作著物質原理與精神原理。男人（和女人）只有在自己的女性極和男性極合一時，方能在自己裡面找到合一。這種兩極性是所有創造性的基礎。

男女兩極性也是人際創造性的基礎。在生物學上十分顯然的事實是，精子和卵子的結合乃是嬰兒誕生的基礎。但情形在純然的心理領域並無不同：男女可以透過他們的愛獲得重生。（同性戀無法達到這種兩極性的結合，就此而言，它是一種失敗，也因此同性戀者飽受分離性永遠無法解除的痛苦。不過這種痛苦是他們和不能愛人的異性戀者所共有。）

男女兩極性的原理也存在於自然界。這不僅指兩極性顯然存在於動物和植物中，同時也存在於兩種基本作用——即接受性（receiving）與穿透性（penetrating）——之中。這種兩極性表現為大地與雨水、江河與海洋、夜與晝、黑暗與光明、物質與精神。兩極性這一觀念被偉大的伊斯蘭教詩人暨神祕主義者魯米

（Rümi）優美地表達出來：

尋求意中人者必被意中人所尋求。
當愛之光照亮了這顆心，它也必照亮那顆心。
當對真主之愛在你心中滋長，真主也會加愛於你。
掌聲要兩隻手才拍得響。
神智是天命，規定我們要互為情人。
因為這預定的天意，世界每一部分都與另一部分成雙成對。
在智者眼中，天是男，地是女：天之所降，地撫育之。
當地缺少溫暖，天給予之；當地失去新鮮滋潤，天恢復之。
天之周行猶如丈夫為妻子尋找食物；
地忙於操持家務：她專心生育，哺乳所生。
把天與地看作富於智慧的生命吧，
因為它們的行為與有智慧的生命完全一樣。

如果它們不能從對方得到歡樂，它們
又怎會如一對戀人般緊緊相偎？
沒有了地，花草樹木要如何生長，
來自天的水和溫暖又能帶來什麼？
正如真主把慾望放在男女心中
以便世界因他們的結合得以保存，
同樣地，祂在存在的每一部分皆植下
對另一些部分的慾望。
晝和夜貌似敵人，卻是致力於同一目標。
為把共同的工做得盡善盡美，
它們互愛著對方。
沒有了夜，人性將得不到滋潤，
晝也就無從耗用。11

男女兩極性的問題可讓人對愛與性的主題有更深入的思考。以前我說過，佛洛伊德在這方面的錯誤，在於把愛完全看成是性本能的表達（或昇華），沒有看出性慾望是對愛和合一的需要的表現之一。但佛洛伊德還有更嚴重的錯誤。和他的生理唯物主義思想相一致，他認為性慾是化學因素在肉體裡所產生的緊張，而這緊張是痛苦的，需要尋求紓解。性慾的目的就是要移除這種痛苦的緊張狀態，而性慾的滿足繫於這種移除的完成。如此，性慾的作用便和有機體在營養不良狀態時會感到飢渴相同。這種觀點將性慾看作是一種癢感，將性滿足看作是把癢感去除。如果把性慾這般看待，則手淫將會是理想的性滿足方式。十分弔詭的是，佛洛伊德忽略了性慾的心理——生物方面，即男女的兩極性，以及忽略了透過結合來橋接這種兩極性的渴望。這個奇怪的錯誤極有可能是被佛洛伊德的極端父權主義所促進，這種主義讓他假定性慾本身是男性專有，讓他忽略了女性特有的性慾。他在《性學三論》（*Three Contributions to the Theory of Sex*）裡表明這個觀點，指出力比多（libido）——不論那是男性還是女性的力比多——一律具有「男性性質」。同樣的思想也改頭換面地出現在佛洛伊德的另一個說法：在小男孩眼中，女人是一個被閹割的男人，而女人自己也在尋求各種補償她們喪失男性生殖器的方法。但是，女人並不是被閹割的男人，而她的性慾是女性特有，不具有什麼「男性性質」。

兩性之間的性吸引力只有一部分是以移除緊張的需要為動機，更主要的動機是與另一個性極結合的需要。事實上，男女的互相吸引絕不限於表現為性吸引。男性與女性的分別不僅在性的作用上表現出來，也在性格上表現出來。男性性格的特點是穿透、引導、主動、自律和愛冒險，女性性格的特點是創造性接受（productive receptiveness）、保護、實際、堅忍和母性（必須記住，這兩方面的特點在每個人身上都是混合在一起，只不過那些屬於「他」或「她」性別的特點較占優勢罷了。）通常，一個男人如果在感情上還沒有脫離兒童階段，男性性格特徵因此被削弱，他就會極其強調他在性方面的男性角色，以此彌補缺憾。結果就會形成唐璜（Don Juan）這種人。唐璜因為無法在性格上確立自己的男性氣質，所以需要在性生活上證明自己的男性雄風。在男性氣質癱瘓得更加極端的情況，施虐狂會成為男性氣質的主要替代品（一種倒錯的替代品）。如果女性性慾弱化或倒錯，就會變形為受虐狂或者占有慾。

佛洛伊德一直被批評為對性過度高估。這種批評常常帶有一種願望，那就是把佛洛伊德思想體系中一個會引起心態因循者敵視的元素去除。佛洛伊德敏銳地意識到這種動機，因此大力和每一個改變他的性理論的企圖戰鬥。確實，在他自己的時代，佛洛伊德的理論深具挑戰性和革命性。但一九〇〇年前後為真的事情在五十多年後不再為真。如今，性風尚發生了巨大變遷，導致佛洛伊德的理論不再能夠讓西方中產階級感到吃驚。所以如果今日的正統精神分析家仍然認為，他們對佛洛伊德性理論的捍衛是勇敢和激進之舉的話，實會引人發笑。實際上，他們的精神分析品牌已經變成了社會的迎合者，並沒有設法提出會讓當代社會受到批判的心理學問題。

我對佛洛伊德理論的批評不在於他過度強調性的作用，而在於他對性的作用理解得不夠深刻。他踏出了發現人際激情的重要性的第一步，然後根據他自己的哲學為前提對之作出生理學性質的解釋。想要讓精神分析得到進一步的發展，我們必須更正和深化佛洛伊德的概念，方法是把他的洞察帶離開生理學領域，帶入生物學領域和存在（existential）領域。12

二、親子之間的愛

在嬰兒誕生之際，如果不是慈悲的命運保護他，讓他知覺不到脫離母體的焦慮，他必會極為驚恐，就像是死亡來臨。即使出生之後，嬰兒和他在出生之前也幾乎沒有不同：不能辨識物體，不能覺知自己，不能覺知到外在世界。他只能感受到溫暖和食物的正面刺激，還不能把溫暖和食物與它們的來源——母親——區分開來。這個時候，母親就是溫暖，母親就是食物，母親就是滿足和安全的安樂狀態。用佛洛伊德的術語來說，這種狀態是一種自戀。外在現實（人與物）的唯一意義繫於它們會不會滿足或挫折身體的內在狀態。只有內在的東西是真實的，外在事物只會在與我的需要有關時才算真實，其真實性從來不是基於它們自身的性質或需要。

兒童長大一些後開始能夠依外物本身的樣子來認識外物，懂得了把吃飽奶的滿足感和乳頭區分開來，懂得了把乳房和母親區分開來。最終，小孩會把他的飢渴、解飢渴的乳汁、乳房和母親理解為不同的事物。他明白了許多其他事物也是各自不同，各有自己的存在。他學會為它們取名字。與此同時，他學會怎樣對待事物，學到火是灼熱和讓人生痛的，母親的身體是溫暖和讓人舒服的，木頭是硬而重，紙張是輕和可以撕開的。他學會與人互動，知道了我吃東西的時候母親會微笑，我哭的時候母親會把我抱進懷裡，我大便的時候母親會誇獎我。所有這些經驗會結晶和整合為一種經驗：我是被愛的。我會被愛是因為我是母親的孩子；我會被愛是因為我無助；我會被愛是因為我好看，讓人喜歡；我會被愛是因為母親需要我。用更概括的方式來說，我會被愛是因為我是我之所是，或更確切地說，我會被愛是因為我是我。這種被母親所愛的體驗是一種被動的體驗。我無需做任何事才能被愛：母親的愛是無條件的。我唯一需要的是存在——作為她的孩子而存在。母愛是至福，是安詳，無需去獲取，無需去贏得。但是，母愛的無條件性也有著一個否定面。母愛不僅不需要贏得，而且也不能被獲取，被創造，被控制。如果母愛存在，我就是處在至福中；如果母愛不存在，生活就失去一切美好——沒有什麼是我可以去努力的，好讓母愛從不存在變為存在。

對大部分八歲半至十歲之前的小孩來說[13]，他們的問題一律是被愛的問題——

被無條件的愛所愛的問題。他們還不懂得去愛，不懂得用感謝、歡欣的態度回應別人對他的愛。然而，到了這個年齡之後，一個新的因素會進入畫面：一種想用自己的活動去創造愛的新渴望。歷來第一次，小孩想要透過創造一些東西，例如寫一首詩或畫一幅圖畫，送給母親或父親。在小孩的生命中，歷來第一次，愛的觀念從被愛轉變為去愛，轉變為創造愛。從這個最初的開始，小孩要經過很多年才能到達愛的成熟。最終，這個孩子（現在也許是少年了）克服了他的自我中心狀態。對他來說，他人的主要意義不再是滿足他自己的需要的一種手段。別人的需要就像他自己的需要一樣重要，甚至更重要。「施」變得比「受」更加讓人有滿足感，更加讓人喜樂；去愛變得甚至比被愛更重要。透過愛人，他擺脫了那個由他的自戀和自我中心狀態構成的孤單和孤立之牢籠。他感到一種新的合一感、分享感、一體感。除此以外，他還感到了用去愛去創造愛的力量感，不再像被動地接受愛時那樣充滿依賴感（那時他必須是個弱小的「乖」孩子）。嬰兒時期所遵循的原則是：「因為我被愛，所以我愛。」成熟的愛所遵循的原則是：「因為我愛，所以我被愛。」不成熟的愛說：「因為我需要你，所以我愛你。」成熟的愛說：「因為我愛你，所以我需要你。」

與愛的能力之發展密切相關的是愛的對象之發展。兒童在生命最初幾個月和幾年期間，最深切依戀的對象是母親。這種依戀從誕生之前就開始，那時母嬰雖然是兩個人，卻仍然是一體。嬰兒的誕生稍微改變了這種情況，但沒有改變得像看起來那麼多。這時嬰兒雖然生活在子宮外面，仍然完全依賴母親。但他每過一天便多獨立一點，學會了走路說話，靠自己探索世界。這時他和母親的關係失去了一些攸關生命的重要性，而他和父親的關係反而越來越重要。

要了解這種從母親轉向父親的現象，我們必須考慮母愛和父愛在本質上的差異。先前已經談過母愛。母愛本質上具有無條件性。母親會愛新生兒是因為那是她的小孩，不是因為小孩符合任何特定的條件或期望（當然，在這裡談父愛和母愛時，我所說的是韋伯（Alfred Weber）所謂的「理想類型」或榮格所謂的原型，所以並不意謂每個母親或父親的愛都是如此。我所說的是父性原則和母性原則，而這種原則體現在有父性和有母性的人身上）。無條件的愛是人類最深切的嚮往之一，不獨對小孩是如此，對每個人都是如此。另一方面，如果我是因為具有一些優點而被愛，是因為值得愛而被愛，這總會讓我擔心，我會不會有一天因為不能符合愛我的人的期望而失去他的愛。更且，「值得」的愛很容易給人一種辛澀的感覺，就像他不是因為自己而被愛，就像他只是因為討得喜歡而被愛，所以說到底不是被愛而是被利用。這就怪不得我們——作為小孩和作為大人——全都牢牢渴求母愛。大部分兒童都十分幸運地能夠得到母愛（至於在什麼程度上得到則容後討論），但是成人要達成這種願望卻困難得多。在最讓人滿意的發展中，母愛會成為組成正常的男女愛的一部分。但它常常是以宗教的形式呈現，更多是以神經質的形式呈現。

人和父親的關係卻是十分不同。母親是我們所來自的家，她是自然，是土壤，是海洋。父親卻不代表這些自然家園的任何一部分。在小孩生命中的最初年月，他和小孩沒有多少聯繫，而他在小孩早期階段的重要性也不能和母親相比。但雖然父親不代表自然世界，卻代表著人類生存的兩極中的另一極。他代表著思想的世界、人造事物的世界、法律和秩序的世界、紀律的世界，以及旅遊和冒險的世界。父親是負責教導小孩的人，他向小孩指出通往世界的道路。

與這種功能密切相關的，是另一種和社會經濟發展有關的功能。當私有財產開始存在，當兒子中有一人可以繼承這私有財產時，父親就開始挑選可繼承他的財產的兒子。當然，會被選中的是父親認為最適合當繼承人的人，是最像他自己的兒子，也因此是他最喜歡的兒子。父愛是有條件的愛。它的原則是：「我愛你是因為你實現了我的期望，是因為你盡了你的義務，是因為你像我。」就像無條件的母愛那樣，我們在有條件的父愛中發現了一個消極面和一個積極面。消極面為父愛是配得的人才會得到，當一個人讓父親失望，就有可能會失去父愛。基於父愛的性質，順服變成了最大美德，不順服變成了最大失德。對這種失德的懲罰是父愛的收回。父愛的積極面同樣重要。由於他的愛是有條件的，所以我可以做一些事來贏取它，那是我可以下功夫的。父愛不像母愛那樣是超出我的控制之外。

母愛和父親對於小孩的態度符合小孩本身的需要。嬰兒需要母親無條件的愛，需要同時得到她在心理和生理上的照顧。小孩在六歲之後開始需要父愛，需要父親的權威和指引。母親的作用是讓小孩的生命獲得安全保障，父親的作用是教導小孩應付他誕生其中的那個社會的種種要求。在理想的情況下，母親的愛不會設法阻止小孩長大，不會設法助長小孩的無助狀態。母親應該對生命有信心，因此不會過分焦慮，也因此不會用自己的焦慮感染孩子。她應該希望孩子變得獨立，最後與她分離。父親的愛應該以原則和期望為引導，應該耐性和寬容，不是充滿威脅和專制獨裁。它應該讓小孩在成長過程中對自己的能力越來越有信心，最終允許他成為自己的權威，不再需要聽從父親的吩咐。

最終，一個成熟的人會達到這樣的狀態：他同時是自己的母親和父親。他會同時具有——可以這樣說——母性良知（motherly conscience）和父性良知（fatherly conscience）。母性良知說：「任何行差踏錯、任何罪行都不能把我的愛從你奪走，不能把我對你的生命和幸福的祝願奪走。」父性良知說：「你做錯了，你不能逃避你犯錯的某些後果。最重要的是，如果你想要我喜歡你，就必須痛改前非。」成熟的人會擺脫外在的母親和父親，把他們建立在內心裡。不過和佛洛伊德的超我（super-ego）概念不同，他不是把母親和父親合併在自己的心裡，而是在自己的愛的能力上建立母性良知，在自己的理性和判斷力上建立父性良知。再者，成熟的人的愛會同時包含母性良知和父性良知，儘管它們看似互相抵觸。如果他只保留他的父性良知，他就會變得嚴苛和不近人情，如果他只保留他的母性良知，他很容易會喪失判斷力，阻礙自己和別人的發展。

從依戀母親到依戀父親的轉移再到兩者的最後合成，這種發展包含著心理健康和人格成熟的基礎。這種發展的失敗是種種精神官能症的基本肇因。儘管對此進行充分探討會超出本書的範圍，但簡短一談或許有助說明。

會導致形成精神官能症，原因之一在於小孩有一個充滿愛但過分縱容或控制慾強的母親，與一個軟弱和不關懷孩子的父親。在這種情況下，這個孩子會一直停留在早期對母親的依戀中，發展成一個依賴母親和感覺無助的人。這樣的人具有「接受性性格」[14]的各種特質（不斷需要別人給予、保護和照顧），並且缺乏各種的父性特質（自律、獨立、有能力自己駕馭生活）。他也許會設法在每個人身上尋找母親：有時在女性身上尋找，有時在上級（具備威望與權力）男性中尋找。另一方面，如果一個人的母親是冷淡、無反應和控制慾強，這個人也許就會把對母親保護的需要轉移給父親（再後來是轉移給父輩人物，這樣的話其結果與前面的情況相似），或是發展為偏重父性取向的人，完全服膺於法律、秩序和權威的原則，缺乏期待或接受無條件的愛的能力。如果一個人的父親權威獨裁又強烈依戀兒子，這種發展會更進一步加強。這些精神官能症的共通特徵是母性原則或父性原則未能建立起來，或者是（這是更嚴重的精神官能症的情形）父親和母親的角色在一個人的外在和內在都混淆了起來。進一步的研究也許會顯示某些類型的精神官能症（例如強迫症）是偏一邊地依戀父親的結果，而另一些精神官能症（如歇斯底里、酗酒、不能合乎現實地應付生活和憂鬱）是偏一邊地依戀母親的結果。

三、愛的對象

愛主要不是一種和某個特定的人的關係。它是一種態度，一種性格的取向，這種態度或取向決定了一個人與世界作為一個整體的聯繫性，而不是指向某個愛的「對象」。如果一個人只愛另一個人，卻對其他人漠不關心，那麼他的愛就不是愛，而只是一種共生性依戀，或是一種擴大的自我中心主義。然而，大部分人卻相信愛是由對象構成，不是由能力構成。事實上，他們甚至相信，他們不愛其他人只愛被愛者，正表示了他們的愛之強烈。這是我們上述提過的同一種謬誤。因為我們不把愛看成一種活動、一種靈魂的能力，所以我們就相信愛所必需的只是找到正確的對象，然後一切自會水到渠成。這種態度就好比一個人想要畫畫，卻不去學畫，一味等待正確的對象出現，以為等到之後自可畫出一幅漂亮的畫。如果我真正愛一個人，我就會愛所有人，就會愛世界，就會愛生命。如果我能夠對某個人說「我愛你」，我必然也能夠說：「我愛你之中的每個人，我透過你愛世界，我愛你之中的我自己。」

不過，說愛是一種指向所有人的人格取向，不意味著不同種類的愛之間沒有分別。這些不同種類的愛是依愛的對象之不同而分別開來。

兄弟愛

兄弟愛是最基本的一種愛，可作為所有類型的愛的基礎。我所說的兄弟愛是指對任何其他人都有一份責任感、照顧、尊重和了解，渴望促進他們的生活。這就是《聖經》裡面所說的「愛鄰人如己」。兄弟愛是一種愛所有人的愛，其特徵是沒有排他性。如果我發展出愛的能力，我就會不能自已地愛我的兄弟。在兄弟愛中，我體驗到人類一體性。兄弟愛是以「我們是一」的體驗為基礎。與人人共有的核心相比，人與人之間在才能、智力和知識上的差別微不足道。要了解這種人人共有的核心，我們必須深入了解人，不能停留在表面。如果我只看到一個人的表面，那我看到的主要是使我和他分隔的差別。如果我了解到他的本質，就會看到我們的共同性，看出我們彼此是兄弟的事實。這樣一種從中心到中心的關聯性——而不是從表面到表面的關聯性——稱為「中心關聯性」（central relatedness）。魏爾（Simone Weil）說得好：「同一句話（例如一個男人對妻子說「我愛妳」）聽起來可以很一般，也可以非同一般，而一般與否取決於說話者的態度。如果一句話是發自內心深處且沒有其他目的，出於驚人的默契，它會觸動聽話者的內心深處。這時，聽話者只要具有任何辨識能力，都會辨識出這句話的價值。」15

兄弟愛是平等兩造之間的愛，但作為平等的兩造，我們並不總是「平等」。只要我們是人類，我們就會需要幫助。今天是我需要幫助，明天是你需要。但這種對幫助的需要並不代表著這個人軟弱無助，而那個人特別有能力。無助只是暫時狀態，能夠站立和用自己雙腳行走卻是永久性，是所有人共有的狀態。

然而愛無助者，愛窮人和陌生人，卻是兄弟愛的伊始。愛自己的骨肉不算什麼；獸類也愛牠們的幼崽。無助者會愛他們的主人，是因為他們的生活仰賴後者。小孩愛他們的父母，是因為他們需要後者。只有愛那些不能讓我們達成任何企圖的人，愛才可以開展。饒富意義的是，在《舊約聖經》中，被愛的主要對象是窮人、陌生人、孤兒寡婦，最後甚至包括以色列民族的敵人，即埃及人和以東人。透過同情無助的人，人開始發展出對自己兄弟的愛，而在他對自己的愛中，他也愛那些需要幫助、脆弱和不安全的人。同情隱含著了解和認同這兩個元素。《舊約聖經》說：「當愛陌生人[16]，因為你們在埃及地作過陌生人，知道陌生人的心。」[17]

母愛

我們前面在討論父愛與母愛之不同時，已經對母愛的本性有所說明。我說過母愛是人母對兒女的生命和需要的無條件的肯定，但此處必須作一重要補充。肯定兒女的生命有兩個層次，其一是照顧和負責任的層次，這是保護小孩的生命與成長所絕對必需。另一個層次超越保護的層次。那是一種態度，會在小孩心中灌注愛生命的觀念，讓他們覺得活著真好，覺得當一個小男孩或小女孩真好，覺得活在世界上真好！母愛的這兩個層次在《聖經》的創世故事中表現得很鮮明。上帝首先是創造了世界與人，這相當於單純的照顧與對生存的肯定。但上帝在這個最起碼的要求之外則更進一步。在每天創造出世界的一部分之後，上帝都會說：「那是好的。」在這個第二階段，母愛讓小孩感覺被生下來真好，而它在小孩心中灌注的不只是活下去的願望，還是愛生命的態度。我們也可以認為《聖經》的另一個象徵符號表達了同樣思想。「應許之地」（「地」經常被視為母親的一個象徵）被《聖經》形容為「流奶與蜜之地」。奶是母愛的第一層次的象徵，象徵照顧和肯定。蜂蜜則象徵生命的甜美，象徵對生命的愛和活著的快樂。大部分母親都能夠給予「奶」，但只有少數母親能夠也給予「蜜」。要能夠給予「蜜」，一個母親必須不能只是好母親，還要是一個快樂的人——這個目標並沒有太多人能達成。這樣的母親能有的效果再怎麼強調都不為過。母親對生命的愛就像她的焦慮一樣，是有感染性的。兩種態度都對小孩的人格有深遠影響。事實上，我們很容易在小孩身上和成人身上分辨出哪些人只得到過奶，那些人卻同時得到過奶與蜜。

兄弟愛和男女愛都是平等兩造之間的愛，反觀母親和孩子之間的關係本質上並不平等，其中一方需要全面的幫助，另一方給予這種幫助。正是由於這種利他和不自私的性質，母愛一直被認為是最崇高的愛，是一切情感連結中最神聖的一種。

然而母愛的真正成就看來不在母親愛小嬰兒，而在母親愛逐漸長大的孩子。事實上，絕大多數母親在小孩還小、還需要完全依賴母親時，都是慈愛的母親。大部分女性都想生小孩，會在看著新生兒時感到快樂，會殷切於照顧嬰兒，哪怕這樣做並不會得到任何回報（除了嬰兒的微笑和滿足的表情之外）。這種愛的態度看來部分是根植於人類女性和動物共有的本能。不過不管這個本能因素占了多少分量，這一類的母愛仍然部分是出於人類特有的心理成分。我們也許會在母愛中找到自戀的元素。只要嬰兒仍然被感到是母親的一部分，母親對嬰兒的愛和迷戀就可以是滿足她的自戀的一種方式。另一個動機也許和母親對權力或占有的慾望有關。嬰兒因為無助和完全受到母親的意志支配，自然成為讓有支配慾和占有慾的女人獲得滿足的對象。

這些動機雖然常見，但和另一種動機相比，極有可能不那麼重要和不那麼普遍。該動機就是對超越（transcendence）的需要。對超越的需要是人最基本的需要之一，根植於人有自我意識的事實，根植於他們不滿足於作為由造物者創造出來的角色，不能接受自己只是從杯子裡擲出的骰子。他需要感覺自己是創造者，一個超越被創造者的被動角色的人。有很多方法可以滿足這種創造願望，其中最自然和最容易達成的是母親對她的創造物的愛與照顧。她在懷胎中超越了自己，她對嬰兒的愛給她的生命帶來了意義和重要性。（男性正是因為沒有辦法以懷胎的方式來滿足超越的需要，所以汲汲於用創造物品和觀念的方式超越自己。）

但小孩必須成長。他必須脫離母親的子宮，脫離母親的乳房。他最終必須成為一個完全獨立的人。母愛的本質是照顧兒童的生長，那表示她希望小孩脫離她而獨立。這透露出母愛與男女愛的基本不同之處。在男女愛中，兩個獨立的人會成為一體，在母愛中，兩個本來一體的人會成為各自獨立的個體。母親不僅必須容忍小孩獨立，還必須盼望和支持他這樣做。正是在這個階段，母愛變成了極為艱鉅的任務，因為它要求無私的能力，要求一種給出一切而不求回報，但求被愛者幸福快樂的能力。也正是在這個階段，許多母親未能完成母愛的任務。很多自戀、支配慾強和占有慾強的女性只有在孩子還小的時候能夠當一個有愛的母親。只有真正充滿愛的女人，只有樂在「施」多於「受」的女人，只有在自己生命中牢牢扎根的女人，才能在小孩和自己分離的過程中當一個充滿愛的母親。

對逐漸成長的小孩的母愛——一無所求的愛——大概是最難達成的一種愛。由於任何母親總是輕鬆容易地去愛她的小嬰兒，所以母愛往往讓人有一種容易做到的假象。但正因為這種困難，一個女人只有在真正能夠愛的情況下——即能夠愛她的丈夫、愛其他小孩、愛陌生人和全人類的情況下——可以當一個真正充滿愛的母親。不能以這種方式以去愛的女人只能在小孩幼小時當一個溺愛的母親，但不可能當一個充滿愛的母親。這種母親的判準是她甘願忍受與孩子的分離，而且即使分離之後仍舊愛著孩子。

男女愛

兄弟愛是平等兩造之間的愛，母愛是對無助者的愛。兩者雖然不同，但它們卻有一個共通處：它們在本性上不限定在單一對象。如果我愛一個兄弟，我就會愛我所有兄弟；如果我愛一個孩子，就會愛我的所有孩子。除此以外，我還會愛所有小孩，愛所有需要我幫助的人。在這一點上與這兩者形成鮮明對比的是男女愛。

這種愛渴求完全的融合，渴求和單一個個人合而為一，因此它在本性上是排他和非普遍性。它也可能是最讓人誤解的愛。

首先，人們常常把它和「墜入情網」的爆炸性經驗混為一談。在「墜入情網」中，本來是陌生人的兩個人之間的藩籬會突然消失。但正如前面曾經指出，這種突如其來的親密感本質上是短命的。當兩個陌生人變成了親密熟悉的人之後，他們中間便再也沒有阻隔需要克服，再也沒有突然的親密性需要達成。那個被愛者已經被了解通透，像我了解自己一樣清清楚楚——或者更應該說，像我了解自己一樣不清不楚。如果對他人的體驗能更深刻些，如果能體驗對方人格的無限性，對方便永遠不會這般熟悉，而克服阻隔的奇蹟也許可以每日重複發生。但在大部分人來說，對自己和對他人的探索很快就完結，很快就覺得一覽無遺。他們的親密關係主要是建立在性接觸上。由於他們體驗的分離性主要是肉體的分離性，因此肉體的合一也意謂著克服了分離性。

除此之外，對很多人來說，還有其他一些方式意味著對分離性的克服。例如，訴說自己的私生活、訴說自己的希望和焦慮、表現自己的天真或幼稚的一面、建立共同興趣，所有這些都被當作是在克服分離性。甚至表現出氣憤、仇恨、缺少抑制力也被當作親密的表現，而這也許可以解釋許多夫婦間變態的吸引力：只有當他們在床上或發洩彼此的仇視和狂怒時，他們似乎才親密起來。然而所有這些類型的親密都會隨著時光的流轉而減少。結果就是一個人有需要向一個新的人——一個新的陌生人——尋求愛情。這個陌生人再一次會變成「親密」的人，「墜入情網」的經驗再一次會讓人興奮莫名，然後，它再一次會越來越淡。到頭來，你會希望再次尋求新歡，每次都是抱著新歡會不同於舊愛的錯覺。性慾的迷惑性會加強這種錯覺。

性慾以融合為目標。它絕不只是一種生理慾望，絕不只是為了解除讓人痛苦的緊張狀態。但性慾可以被很多原因激起，例如因孤單而來的焦慮、去征服或被征服的渴望、虛榮心、去傷害，和甚至去摧毀的願望，也可以是被愛激起。性慾看來很容易跟任何強烈的情感混雜和被任何強烈的情感激起，愛只是這些情感之一。由於大部分人都把性和愛相提並論，所以他們很容易誤認為，當他們在身體上互相需要，就是互相愛上對方。愛可以激發性結合的期望，在這種情況中，肉體的關係不帶有貪婪，不帶有征服或被征服的慾望，而是在柔情中互相融合。但如果肉體結合不是由愛激發，如果男女愛不同時也是兄弟愛，那其所導致的合一永遠是狂歡迷亂，永遠是轉瞬即逝。性吸引可以在一時間創造合一的錯覺，但是，因為沒有愛，這種「合一」會讓兩個陌生人的隔閡維持跟本來的一樣大，有時還會讓他們彼此感到羞恥，甚至使他們互相憎恨，因為當錯覺消失之後，他們會發覺彼此的隔閡猶甚於從前。柔情絕不像佛洛伊德所以為的，是性本能的昇華。它是兄弟愛的直接後果，既存在於肉體形式的愛中，也存在於非肉體形式的愛中。

不見於兄弟愛和母愛而只見於男女愛的排他性值得我們進一步討論。這種排他性經常被錯誤詮釋為意味著占有性依戀。我們常常可以看見，相愛中的男女對於任何其他人都沒有感受到愛。事實上，他們的愛只是二人份的自我中心主義。他們是互相認同的兩個人，他們解決分離性難題的方法是把單一個人擴大為兩個個人。他們獲得了克服孤單的體驗，然而由於他們與其他人類相分離，他們仍然處於彼此分離的狀態，也與自己疏離。他們的合一體驗是一種錯覺。男女愛是排他的，但它會在愛另一個人中愛全人類，愛所有生命。它之所以是排他，是指我僅能完全而強烈地和一個人融合。在男女愛中，我只和一個人發生性融合，只能把生命的一切全部委身給一個人——只有在這個意義下，男女愛才是排除第三者，而不是在兄弟愛的意義下排除第三者。

男女愛如果是真的愛，則必有一個前提。那就是我的愛是發自靈魂深處，並在對方的靈魂深處體驗到對方。本質上，所有人類是一模一樣。我們全是「一」的一個部分，我們是一體。如果是這樣，我們愛的是誰理應沒有分別。愛在本質上應該是一種出自意志的行為，是一種決心，要把我的生命全然委身給另一個人。事實上，這是婚姻不可破除這個觀念的理論基礎，也是許多傳統婚姻形式的基礎。在這些婚姻中夫妻不是互相選擇對方，而是由別人代他們選擇，但仍然被預期會互愛。在當代西方文化中，這種觀念看似完全錯誤。愛被認為是一種自發性的情感反應，是由於一個人突然被某種抗拒不了的感情所攫住的結果。在這種觀點中，我們看到的只是兩個當事人的特殊之處，而沒有看見所有男人都是亞當的一部分，所有女人都是夏娃的一部分。它忽略了男女愛中的一個重要因素：意志。愛某個人並不只是一種強烈感情，它還是一個決定、一個判斷和一個承諾。如果愛只是感覺，我們就不會有基礎去承諾永遠互愛。感情是來去不定的，如果我的行為不是包含判斷和決定，我又何由得知我的愛會天長地久？

把這些觀點納入考慮也許會讓我們得出一個結論：愛完全是意志和委身的行為，所以基本上愛之中的兩個人是誰並不重要。不管婚姻是他人安排還是自己決定，婚姻一旦締結，意志就應該可以確保愛的持續。但這個觀點看來忽略了人性的弔詭特徵和男女愛的弔詭特徵。我們全都是一體，但我們每個人又是獨一無二、不可複製的個體。在我們和他人的關係中，這個弔詭再次出現。就我們全是一體而言，我們可以用同樣方式愛任何人，但就我們全都是各自不同的個體而言，男女愛就需要具有某些特定的、高度個人化的因素，而這些因素只存在於某些人之間，不存在於所有人之間。

因此，這兩種觀點——一種認為男女愛完全是個體性的吸引，是兩個特殊的人之間絕無僅有的聯繫，另一種觀點認為男女愛只是意志的行為——都是正確的，或者更恰當地說，真理既不在這邊，也不在那邊。所以，認為夫婦關係不好可以馬上解除婚姻，或在任何情況下都不允許解除婚姻，兩種觀點都是錯的。

自愛[18]

儘管沒有人反對愛的概念可以運用於各種不同的對象，但是，人們卻普遍認為，愛他人是美德，愛自己卻是罪惡。一般假定，我們有多愛自己，就會多不愛別人：自愛和自私是同一回事。這種觀點在西方思想中歷史悠久。喀爾文（John Calvin）嘗言，自愛是「一隻害蟲」。[19]佛洛伊德固然是從精神病理學的角度談自愛，但他的價值判斷和喀爾文沒有兩樣。對他來說，自愛即是自戀，是力比多轉向自身的結果。自戀是人的發展中的最早期階段，而如果一個人到了後來又返回這個階段，就表明他沒有愛的能力。在極端的情況下，他會瘋掉。佛洛伊德假定愛是力比多的外顯，而力比多要麼會指向別人而成為愛，要麼是指向自身而成為自愛。因此愛與自愛是互相排斥的，一者越多則另一者越少。如果自愛是要不得，那隨之而來的推論就是無私是美德。

這種看法會引起一些疑問：有心理學觀察可支持愛自己和愛他人有著基本矛盾之說嗎？愛自己和自私是同一種現象嗎？還是說它們正好對立？再者，現代人的自私真的是一種對自己的關懷？是把自己當作一個具備理智、情緒和感性的個人來看待，來關懷？難道「他」不是已經變成了他的社會—經濟角色的附屬品？他的自私和自愛是等同的嗎，還是說那是缺乏自愛而引起？

在討論自私和自愛的心理層面之前，必須指出的是，認為愛他人和愛自己是互相排斥的主張犯了邏輯上的謬誤。如果我因為鄰居是人而愛他是一種美德，那愛我自己也必然是一種美德，因為我也是一個人類。沒有一個人類的觀念是不包括我自己在內。任何把我排除在人類之外的主張都會證明自己本質上自相矛盾。《聖經》的誡命「愛鄰人如己」就暗示著一個人應該尊重一己的完整性與獨特性，暗示著一個人對一己的愛和了解與他對另一個人的尊重、愛和了解是不可分割。對我自己的愛是不可分地連結於對任何他人的愛。

我們現在來到了我們論證的結論賴以建立的基本心理學前提。概言之，這些前提如下：不只是他人，我們自己也是我們的感情與態度的「對象」；對待他人和對待我們自己的態度不但絕不是互相矛盾，它們基本上還是互扣在一起。把這些前提用在我們正在討論的問題，意謂著：愛自己和愛他人不是只能二擇其一的選項。正好相反，我們可以發現，能夠愛他人的人對自己也具有愛的態度。原則上，愛就「對象」與一己的連結而言是不可分割的。真誠的愛是創造性的一種表達，隱含著照顧、尊重、責任和了解。那不是一種受別人的影響（affected）的意義下的「感情」（affect），而是一種對所愛的人的成長與幸福的主動追求，根植於一個人的愛的能力。

愛某個人，是愛的能力的實現與集中。愛所包含的基本肯定，是我所愛的那個人，為一切人類本質的化身。愛一個人就意味著愛人類本身。那種威廉·詹姆斯（William James）稱之為「勞動分工」的愛——即一個人只愛他自己的家庭，對陌生人沒有感情——只是缺乏愛的基本能力的標誌。對人類的愛，並不像通常所設想的那樣，是隨著愛一個具體的人而來的抽象觀念，反而是愛一個具體的人的前提。儘管一般來說，對人類的愛是在愛具體的個人時獲得。

由此可知，我的自我就像他人那樣，依然可以作為我的愛的對象。肯定一己的生命、快樂、成長、自由，乃是根植於一個人的愛的能力，即根植於照顧、尊重、負責和了解。如果一個人能夠創造性地去愛，他就會也愛他自己。如果他只能愛他人，他根本無法愛。

既然愛自己和愛他人在原則上是互扣的，我們又要如何解釋自私（一種對他人完全缺乏真誠關懷的心態）？自私的人只關心自己，想要把一切都據為己有，只會因為獲取而快樂，不會因給予而快樂。對於外在世界，他關心的只是他能從其中得到什麼。他不在乎別人的需要，不尊重別人的尊嚴和完整性。他眼中只有自己，人事物的價值在於它們對他有什麼用處。他基本上無法去愛。難道這不就證明了關心他人和關心自己無可避免只能是二選一嗎？設若自私就是自愛，則情況確是如此，但這個假設本身就是重大謬誤，一直以來導致了很多錯誤的結論。自私和自愛不僅大大不一樣，還是完全對立。自私的人不是愛自己太多，而是愛自己太少。事實上，他恨著自己。這種缺乏對自己的愛和照顧（這只是他缺乏創造性人格的表現之一）讓他空虛和挫折。他必然會不快樂，急著要從生活攫取自己原本阻止自己獲得的滿足。他看似太過照顧自己，但實則他只是不成功地想掩飾和補償他的未能照顧好他的自我。佛洛伊德主張，自私的人是自戀的，就像他們從他人身上撤走他們的愛，把這愛轉到自己身上。其實，自私的人固然沒有能力愛別人，但他們一樣沒有能力愛自己。

如果將自私和對他人的過分關注作一比較，我們就比較容易了解自私。對他人的過分關注的例子之一是過分掛慮孩子的母親。雖然她們自以為特別愛孩子，她們事實上對她們的關懷對象有一種深深壓抑的敵意。過分關心孩子不是因為她們太愛孩子，而是因為她們不得不以這種方法彌補她們沒有愛孩子的能力。

這種有關自私的性質的理論，在精神分析學家對精神官能症患者的「無私」所進行的治療中得到證實。「無私」是在為數頗多的人身上出現的一種精神官能症症狀，但這些人通常並不為這種症狀困擾，而是被與此相關的其他症狀困擾，如憂鬱、疲勞、沒有能力工作、愛情關係失敗等等。無私不會被感受為一種「症狀」，反而常常讓當事人感到自豪，認為那是對他們有著救贖作用的一種特徵。這些「無私」的人「一無所求」，他們「只是為別人而活」，對於自己能不重視自己感到自豪。然而不論他們如何無私，他們還是不快樂，而且他們與最親密的人的關係總是不能讓他們滿意。透過精神分析顯示，他們的無私和他們的其他症狀並不是分開的，而是症狀之一，往往也是他們最嚴重的症狀。精神分析也顯示，這種人完全不能夠去愛，不能夠享受任何事物，對生命充滿敵意，而且在他們的無私的表象背後隱藏著不著痕跡但十分強烈的自我中心心態。要治癒這樣一個人，必須讓他明白他的無私也是他的症狀之一，好讓他的缺乏創造性——這是他的無私和他的其他困擾的根源——得以更正。

無私的性質在它對別人的影響上顯示得特別明顯。在我們的文化中，這種影響最常見於「不自私」的母親對孩子的影響。她們相信，因著她們的不自私，孩子會體驗到何謂愛，也因此學會何謂去愛。然而，她們的不自私的影響力卻完全不符合她們的預期。她們的小孩沒有表現出那些深信自己被愛的人會有的快樂：他們焦慮，緊張，害怕母親不滿意，急於達到母親的種種期望。通常他們會受到他們母親對生命隱藏的敵意的影響，然後自己也感染上這種敵意。總的來說，「不自私」母親的影響性和自私的母親無太大不同——事實上常常還更糟，因為母親的無私讓孩子無從對她批評。孩子被置於不能讓母親失望的責任之下，被教育成不喜愛生命。如果有機會研究有真誠自愛的母親所發生的影響，我們可望發現最能讓孩子體驗到什麼是愛、喜樂和幸福的，莫過於被一個自愛的母親所愛。

有關自愛，最好的總結莫過於愛克哈特（Meister Eckhart）以下的一番話：「如果你愛自己，你就會像對自己那樣愛每個其他人。只要你愛其他人少於愛你自己，你就不能真正成功地愛自己。但如果你能夠愛包括你自己在內的所有人，你就會愛他們如愛單一個人，而那個人同時是上帝和人。因此，愛自己又能同等愛一切他人的人，是偉大而正直的人。」[20]

對神的愛

前面曾經指出，人之所以需要愛，基本原因是人有透過合一克服分離焦慮的需要。從心理層面來看，宗教形式的愛——對神的愛——並無不同。它也是源於克服分離感和達成合一的需要。事實上，對神的愛就像對人的愛一樣，有著很多不同的性質和面向，而且在很大程度上，兩者表現出相同的差異性。

在所有的有神論宗教中，不管是多神論還是一神論，上帝都代表了最高價值，是最令人嚮往的善。因此，上帝的特定涵義取決於什麼是人最嚮往的善。所以，理解上帝必須從分析崇敬上帝者的性格結構開始著手。

從我們的既有知識來看，人類的發展可以描述為從自然界脫離、從母親脫離、從血緣與土地的連結脫離的過程。在人類歷史的起始，人雖然已經拋棄了與自然界的原始合一，他仍然死抓住各種基本的連結不放。回到這些連結或抓住這些連結讓他感到安全。他仍然覺得自己與動物和樹木的世界是一體的，設法透過和自然界保持一體而找到合一。許多原始宗教見證著此一發展階段。一隻動物會被轉化為圖騰；動物面具會在最莊嚴肅穆的儀式或戰爭中被戴上；把動物當作神來崇拜。在稍後的發展階段，當人類技能已發展到了工匠和藝術家的階段，當人不再完全依賴大自然的賜予（能採摘的果實和獵殺的動物），人就把自己雙手所造的東西奉為神明。這是一個崇拜陶土、銀或金所造的偶像的階段。人把自己的能力和技巧投射到自己所造的東西，因此以一種疏離的方式崇拜自己的能力和財物。在更後來的階段，人給予他的神明人類形象。這種情形看來只有在人更為意識到自己，只有當他發現了人是世界上最高等和最有尊嚴的事物時，才會發生。在這崇拜人格神的階段，我們看到了兩個面向的發展。第一個面向涉及神明的女性或男性性質，另一個面向涉及人所達到的成熟程度。這兩者決定了神明的性質和人對神明的愛的性質。

讓我們先談談從母性中心宗教（mother-centered religion）到父性中心宗教（father-centered religion）的發展。按照巴霍芬（Johann Bachofen）和摩根（Lewis Morgan）[21]在十九世紀中葉得到的重大和決定性發現（哪怕不少學界人士反對他們的發現），可確定的是，至少在許多文化中，母系宗教的階段要先於父系宗教的階段。在母系階段，最高存有是母親。她是女神，也是家庭和社會的首領。想了解母系宗教的本質，我們只需回想一下前面有關母愛本質的論述。母愛是無條件的愛，它保護一切，籠罩一切。由於它是無條件的，它也不能被左右或贏取。它的存在會讓被愛者得到一種至福感，它的不存在會讓人產生失落感和徹底絕望。由於母親愛子女是因為他們是她的子女，不是因為他們聽話或符合她的願望，因此母愛是建立在平等的基礎上。所有人都是平等，因為他們全是一個母親所生，全是「大地之母」（Mother Earth）的子女。

人類演化的下一階段（這是我們唯一擁有全面知識而不需要依賴猜想和推測的階段）是父系階段。在這個階段中，母親從她的最高寶座被推翻，父親變成了最高存有——在社會和宗教中兩方面皆如此。基於父愛的性質，父親會作出要求，建立原則和法律，而他對兒子的愛視乎兒子是否順服他的要求。他會讓最像他和最聽話的兒子當他財產的繼承人（父系社會的發展與私有財產的發展亦步亦趨）。結果就是，父系社會是層級性：兄弟間原來的平等不見了，取而代之的是競爭和相互傾軋。不管是印度、埃及或是希臘文化，不管是猶太教—基督教或是伊斯蘭教，都是父系的世界，其中或是由一個主神領導眾男神，或者所有神明都被取消，只剩下獨一上帝。然而，由於對母愛的渴望不會從人們的心中消除，這就不奇怪慈愛母親的角色從來沒有被完全逐出萬神殿。在猶太教，上帝的母親面向受到不同派別的神祕主義重新引入。在天主教，母親由教會和聖母瑪利亞來象徵。即便在基督新教，母親的角色也沒有完全被抹除，只是被隱藏起來。路德所建立的主要原則乃是：人不能憑所做的任何事贏得上帝的愛。上帝的愛是恩典，教徒的應有態度是對上帝的恩典有信心，並讓自己顯得渺小和無助。沒有善工（good works）可以影響上帝或者讓上帝（就像天主教教義假設的那樣）愛我們。在此，我們可以看出，天主教善工的教義是父系思路的一部分：我是可以透過聽話和實現父親的要求而贏得他的愛。反觀路德的教義表面上雖是父系性格，卻隱藏著一個母系元素。母愛是不能贏取的：它給你就是給你，不給你就是不給你，我們唯一能做的只是保持信仰（就像《詩篇》所說的：「你曾讓我對我母親的乳房產生信心」[22]，並且把自己變成無助無能的幼兒。但是路德信仰中的特點是把母親形象從表面上消除，用父親形象來取代：如此，我們被母親所愛的確定感消失了，取而代之的是強烈的忐忑不安，只能抱一線希望地期盼可以獲得父親無條件的愛。這是路德信仰的首要特徵。

母系宗教和父系宗教的這種差異是我必須討論的，因為如此我才能夠顯示，對神的愛的性質端視你信的是母系宗教還是父系宗教而定。父系宗教讓我像愛父親一樣愛神。我假定他是公正和嚴格，賞罰分明，最後也一定會選擇我作為他最喜愛的兒子。在母系宗教中，我像愛一個包容一切的母親那樣愛神。我對她的愛有信心，知道我無論何等貧困無助，無論我是否犯罪，她都會愛我，拯救我。毋庸說，我對神的愛和神對我的愛是分不開的。如果神是父親，祂就會像愛兒子那樣愛我而我會像愛父親那樣愛他。如果神是母親，那她和我的愛都是由這個事實決定。

然而，神的母親性格和父親性格只是決定我對神的愛的性質的因素之一。另一個因素是個人到達的成熟程度，這程度決定了他對神的概念和他對神的愛。

由於人類演化讓母親中心社會轉向了父親中心社會（宗教也是如此），因此，對於成熟的愛的發展，我們主要是在父系宗教的發展中見其軌跡。[23]在這個發展的一開始，我們看到的是一個專橫善妒的上帝，祂把祂創造的人類視為財產，愛怎樣對待他們就怎樣對待他們。這是上帝把人逐出伊甸園的階段（此舉是防止人偷吃知識樹的果子，變得像上帝），這是上帝決定用大洪水消滅人類的階段（因為除了諾亞以外沒有世人討祂喜歡），這是上帝要求亞伯拉罕殺死獨生愛子以撒的階段（此舉要讓亞伯拉罕用絕對的順服證明自己對上帝的愛）。與此同時，一個新階段開始了：上帝和諾亞立約，答應永不再次摧毀人類。因為這個約定，上帝讓自己被束縛住。但祂不只是受到自己的承諾所束縛，還是受到自己的原則所束縛，這原則就是公正。正是在這個基礎上，上帝不得不答應亞伯拉罕的要求，答應即便索多瑪城僅有十個義人，一樣赦免其罪。但上帝這個概念的發展不僅讓上帝從一個專橫的部落酋長轉化為一個慈愛的父親，轉化為一個受自己所定的原則所束縛的父親，還再進一步，把上帝從一個父親角色轉化為祂的原則（正義、真理和愛）的象徵。上帝是真理，上帝是正義。在這個發展中，上帝不再是一個人，不再是一個父親，而變成萬象背後的統一原理的象徵，變成從人內心的靈性種子將會長出的花朵的異象。這樣的上帝不能有一個名字。名字總是指一件物品或一個人，是指有限的事物。既然上帝不是一個人或一件物品，祂又怎會有名字！

這個驚人的轉變見於《聖經》中上帝向摩西顯現的段落。摩西告訴上帝，除非他能夠告訴希伯來人上帝的名字，他們就不會相信他是上帝所差遣。（既然偶像的本質就是具有一個名字，你又如何能叫偶像崇拜者明白一個沒有名字的上帝呢！）聽到這個，上帝作出讓步。祂告訴摩西，祂的名字是「我是正在變成我正在變成的」（I am becoming that which I am becoming），指出「我正在變成就是我的名字」。「我正在變成」表示上帝不是有限，不是一個人，不是一個「存在物」。對這句話最充分的翻譯應該是：告訴他們「我的名字是無名」。禁止為上帝造像，禁止妄提祂的名，以致最終完全不准提祂的名，這些禁令有著同一目標：讓人擺脫上帝是一個父親的觀念，擺脫上帝是一個人的觀念。在接下來的神學發展中，這個觀念在一項原則中獲得進一步的推進，那就是我們不可以用正面的方式描述上帝。

稱上帝是聰明的、強壯的和善良的，都在暗示祂是一個人。對於上帝，頂多可以說祂不是什麼，採用否定陳述，認定祂不是有限，不是不仁慈，不是不公正。我越知道上帝不是什麼，我對上帝的所知就越多。24

循著一神論思路而走向成熟的思想只能得出一種結論：人應該完全不提上帝的名字，不去論及上帝。這樣，上帝就變成了祂潛存在一神論神學中的事物：無名的「一」（nameless One），它是天地萬象背後的統一性，是全部存在的基石。如此，上帝變成了真理、愛和正義。就我是一個人類而言，上帝就是我。

很明顯的是，從人格神到純粹一神論原則的演化，導致了人對神的愛的性質有了極大不同。亞伯拉罕的上帝像個父親，既讓人愛也讓人怕。有時祂的主要性格是寬恕，有時是暴怒。上帝有多少程度是父親，我便有多少程度是孩子。這時我還沒有完全脫離對全知和全能的自閉式渴望。我還沒有獲得客觀性，不認識我作為一個人的界限、我的無知和我的無助。我仍然像個孩子那樣，聲稱必然有個父親會拯救我、看顧我、懲罰我，會在我聽話時喜歡我，在我讚揚時大悅，在我不服從時感到憤怒。十分確定的是，大部分人在他們的人格發展過程中都沒有克服這個嬰兒階段，因此對大多數人來說，信仰上帝就是信仰一個能夠提供幫助的父親。這是一個幼稚錯覺。雖然這種宗教概念已經被人類中一些偉大導師和少數人所克服，但仍然是主流的宗教形式。

就此而論，佛洛伊德之類的人對上帝觀念的批判相當正確。問題是他忽略了一神論宗教的其他層面，忽略了它的真正核心，因為如果把這核心的邏輯發展到極致，將恰恰帶來對上帝觀念的否定。真正虔誠的人如果恪守一神論觀念的本質，就不會祈求什麼，不會指望從上帝得到什麼。他不會像孩子愛父親或母親那樣愛上帝。他會學會謙卑，明白自己的侷限性，明白自己對上帝一無所知。對他來說，上帝是一個象徵，象徵著人類在演化早期所努力爭取的一切，象徵著精神世界的領域，象徵著愛、真理和正義。他信仰「上帝」所代表的原則，他思考真理，活在愛與正義中，認為生命之所以有價值，僅僅是因為生命給予他機會去更為充分地展開他的人類天賦能力——這是唯一重要的，是他的終極關懷的唯一對象。也因此，他不會談論上帝，甚至不會提祂的名字。愛上帝（假如他仍然準備用這個詞語的話）意味著人企求達到充分的愛的能力，企求實現「上帝」在一己身上代表的事物。

從這個觀點看，一神論的邏輯結果乃是否定一切的神學，否定一切有關上帝的知識。不過，激進的非神學觀點和非有神論體系（如見於早期佛教或道家的那一種）仍然有所不同。

所有有神論體系（包括了非神學的神祕主義體系）都假定了精神領域的客觀存在，認為這領域是超乎人之上，是它讓人類的精神力量，以及人類對得救與新生的追求具有意義和有效性。反觀非有神論的體系，則不存在外在於人或超乎人之上的精神領域。愛、理性與正義的領域之所以存在，只是因為人在演化的過程中發展了這些能力，而且也只有在人類發展自己這些能力時，這些領域才會存在。因此，除非人自己將意義給予生命，否則生命將是沒有意義；除非人與人互相幫助，否則他就是絕對孤單。

談過對神的愛之後，我要聲明我自己並不用有神論的思路來思考。在我看來，神的概念只是一個受歷史條件所左右的概念。在這個概念中，人類表達出他對更高力量的體驗，表達出他在某個特定歷史時期對真理和統一的渴望。但我同樣相信，嚴格的一神論邏輯後果和非有神論終極關懷對精神領域雖是持不同的觀點，但用不著互相攻擊。

然而，正是在這一點上，對神的愛這個問題的另一方面出現了。我們必須討論這個方面，以弄清問題的複雜性。我指的是東方（中國和印度）和西方在宗教態度上的根本差別，而這個差別可用邏輯概念的術語表達。從亞里斯多德以來，西方世界一直追隨亞里斯多德哲學的邏輯原則。這種邏輯建立在同一律、矛盾律和排中律的基礎上（同一律指A是A，矛盾律指A不是非A，排中律指A不能既是A又是非A、不能既不是A又不是非A）。亞里斯多德用以下的話把他的立場表達得很清楚：「同一物不可能在同時以同一意義既屬於又不屬於同一物（所有其他可能防範辨證性反對意見的區分都應該加上）。這乃是所有原理中最確切不移者……」[25]

亞氏邏輯的公理深深浸染我們的思考習慣，讓我們覺得它自然不過和不證自明，反觀「X是A又不是A」的陳述則顯得很荒謬。（當然，這裡的主詞X是指一特定時間內的X，不是指此一時的X和彼一時的X，或指X的這個方面和X的那個方面。）

與亞氏邏輯相對立的邏輯可稱為弔詭邏輯（paradoxical logic），它假定A和非A作為X的陳述詞並不互相排斥。弔詭邏輯在中國人和印度人的思想中占有主導地位，在赫拉克利特（Heraclitus）的哲學中極具分量，後來又以辯證法之名成為黑格爾和馬克思的哲學。老子把弔詭邏輯的通則說得很清楚：「確實為真之言看來是弔詭的。」[26]莊子也說過：「其一也一，其不一也一。」對弔詭邏輯的這種表達方式是肯定性的：**是此又非此**。另一種表達方式則是否定性的：**非此亦非彼**。前一種思路見於道家思想、赫拉克利特和黑格爾的辯證法。後一種思路常見於印度哲學。

有關亞氏邏輯和弔詭邏輯的不同超出本書的範圍，但為了把大原則說得更清楚，我會舉幾個例子以資說明。在西方思想中，弔詭邏輯最早出現在赫拉克利特的哲學。他認為對立之間的衝突是一切存在的基礎。他說：「人們不了解相反者如何相成。對立的力量可以造成和諧，正如琴弓與琴弦。」[27]他另一種更清楚的說法是：「我們踩進同一條河流但又不是踩進同一條河流，我們是我們但又不是我們。」[28]或者：「『同一者』（One and the same）在生者與死者、醒者與睡者、少者與老者之中顯現自身。」[29]

老子的哲學中，同一種思路以更詩意的方式表達出來。道家弔詭思想的典型例子可見於下面幾句話：「重是輕的根，靜是動的統治者。」[30]「道在它的常軌上什麼都不做，也因此沒有事情是它不做的。」[31]「我的話很容易懂，也很容易行，但世間又沒有一個人能夠懂，能夠行。」[32]道家思想就像印度思想和蘇格拉底思想一樣，認為思想所能達到的最高境界是讓我們知道自己無知。「知道而又自認為不知道，是最高成就。不知道而自以為知道，是一種病。」[33]這種哲學自然會認為，最高神是不能被命名。終極的真實，終極的「一」，是不可能被我們的言語或思想所捕捉。就像老子所說的：「能夠被遵循的道不是經久不變的道，能夠被叫出來的名字不是經久不變的名字。」[34]換一種說法是：「我們察看它但看不到，就稱它為『不可見者』；我們傾聽它但聽不到，就稱它為『不可聞者』；我們想抓住它但抓不住，就稱它為『微妙者』。這三種性質是不可描繪的。因此我們把它們混合在一起，就得到了『一』。」[35]還有一種說法是：「懂得道的人不去說它，說它的人不懂得它。」[36]

婆羅門哲學關心的是雜多（萬象）和統一體（梵）的關係。然而我們切不可把中國或印度的弔詭邏輯和二元論的觀點混為一談。在前者，和諧是寄託在衝突中。「婆羅門思想是環繞著一個弔詭運轉，這個弔詭就是現象世界的各種外顯力量和形式，既是彼此對立，又是彼此同一……」[37]宇宙之中和人之中的終極力量同時超越了概念和感官的領域，因此它「既非此亦非彼」。但正如齊默（Heinrich Zimmer）所說的：「在這種嚴格的非二元論的體認中，『真與非真』是沒有對立的。」[38]在尋求雜多背後的統一體時，婆羅門思想家獲得這樣的結論：被知覺到的對立反映的不是事物的性質，而是心靈的性質。認知心想要搆得著客觀的真實，必須超越自己。二元對立是人的心靈的一個範疇，不是實相本身的元素。《梨俱吠陀》把這原則表達如下：「我是二，是生命之力與生命之質，同時是二。」思想僅能認知對立範疇的想法在《吠陀經》的思想中甚至發展出一個更激進的結論：思想（連同它一切精細的區別能力）「只是無知一個較不著痕跡的視域，是摩耶（maya）所有騙人伎倆中最不著痕跡的一種」。[39]

弔詭邏輯對於神的概念有一重要涵義：由於神代表著終極實相，又由於人類心靈只能夠以對立的範疇認知現實，所以沒有正面的陳述可以用於神。在《吠陀經》中，全知全能神的觀念被認為是最大的無知。[40]在這裡，我們看到了「道」的不可言傳性、向摩西顯現的上帝的無名之名（nameless name）和愛克哈特的「絕對的無」（absolute Nothing）之間的聯繫。對於終極實相，人只能知其否定面，永不能知其肯定面。「與此同時，人不可能知道上帝是什麼，哪怕他非常了解上帝不是什麼。……這樣，對一切都不滿足的思想就吵吵嚷嚷地追求著萬物中最高的善。」[41]在愛克哈特看來，「『聖一』（Divine One）[42]是一種對否定的否定，一種對否認的否認……每個受造物都包含著一個否定：否認自己是其他事物。」[43]由此，愛克哈特更進一步推論出，上帝是「絕對的無」——就像終極實相對「喀巴拉」（Kabalah）[44]來說是「無窮的一」（En Sof）一樣。

我討論亞里士多德邏輯和弔詭邏輯的分別，是為了討論愛上帝的概念中的一個重要區別。教授弔詭邏輯的老師們主張，人只能夠在矛盾中認知真實，永遠無法在思想中認知終極的真實統一體的本身。這種主張不鼓勵人以在思想中尋找答案作為終極目標。思想只能帶來沒有給予我們終極答案的知識。思想的世界永遠擺脫不了弔詭。能夠讓我們終極地掌握世界的方法不是寄託在思想，而是寄託在行為，寄託在對一體性的體驗中。弔詭邏輯因此帶我們走向這個結論：愛上帝既不是在思想中了解上帝，也不是心中存有愛上帝的意念，而是繫於和上帝合一的體驗

這導致了對正確生活方式的強調。生活中的一切——包括任何細小行為和任何重要行為——全都應該奉獻給追求了解上帝，但這種了解不是透過正確的思想，而是透過正確的行為。這在東方的宗教可以清楚看見。在佛教和道家，以至於在婆羅門教，宗教的終極目的不在正信，而在正行。猶太教有著一樣的強調。猶太人幾乎從來沒有宗派對立（只有一個重要的例外，那就是法利賽人和撒都該人的區分，但他們本質上是兩個對立的社會階級）。猶太教（特別是西元開始之後的猶太教）強調重點是正確的生活方式，是「哈拉卡」（Halacha）——這個概念事實上和「道」同義。

在近代歷史中，同一項原則體現在史賓諾莎、馬克思和佛洛伊德的思想裡。在史賓諾莎的哲學裡，重點從正確的信念轉變到了正確的生活行為。馬克思在說下面的話時表現出同樣態度：「哲學家們只是用不同的方式解釋世界，但真正重要的任務在於改變世界。」弔詭邏輯把佛洛伊德導向精神分析療法，即不斷挖深對自我

的了解。

從弔詭邏輯的立場看，重點不在思想，而在行為。這種態度有好幾個其他後果。首先，它導致了那種我們在印度宗教和中國宗教看到的寬容精神。假若正確的思想不是終極真理，不是拯救之道，那我們就沒有理由攻擊那些在思想上和我們格格不入的人。寬容精神很好地在瞎子摸象的故事表達出來：一個瞎子摸到象的鼻子，便說：「這動物像一根水管。」另一個瞎子摸到象的耳朵，便說：「這動物像一把扇子。」第三個摸到象腿，便形容大象像根柱子。

其次，弔詭邏輯導致的結果是，注重人的改造多於一方面注重發展教義，另一方面注重發展科學。從印度、中國和神祕主義的立場來看，人的宗教任務不是正思而是正行，以及（或者）在專注的冥想中達到與「一」合而為一。

西方主流思想卻是反其道而行。由於西方人認為靠正思可以找到終極真理，所以將主要強調放在思想上，儘管正行也被認為同樣重要。在宗教發展中，這導致了教條的形成、對教條無止境的爭辯，以及不容忍「外道」或異端。它進一步導致了強調「信上帝」是宗教態度的主要目標。這當然不意味正確生活的概念沒有存在餘地，然而，那些信上帝的人即便沒有活出上帝的樣式，仍然自感比活出上帝樣式卻沒有「信」上帝的人優越。

對思想的強調有另一個非常重大的歷史後果。認為真理可以在思想中找到的想法，不僅導致了教條，也導致了科學。在科學思維中，唯一重要的是正確地思考——對知性的誠實而言是如此，對科學思維應用在實踐中（應用在技術中）也是如此。

簡言之，弔詭思想導致了寬容精神和對自我改造的著重。亞里斯多德的立場導致了教條和科學，導致了天主教會，導致了原子能的發現。

這兩種不同態度對何謂愛上帝的了解的差異，前面已隱約論及，這裡只需要加以扼要總結。

在西方的主流宗教體系中，愛上帝本質上等於相信上帝，相信祂的存在、祂的公義和祂的愛。這樣，愛上帝本質上是一種思想體驗。在東方宗教和神祕主義中，愛上帝是一種強烈的合一體驗，而這種體驗和這種愛在每一個行為中的表達有分不開的關係。對於這個目標，愛克哈特有最徹底的陳述：「如果我被變為上帝，如果祂讓我和祂變為同一，那麼透過活生生的上帝，我們之間就沒有分別……有些人以為他們將會看見上帝，就像上帝是在彼端而他們是在此端似的，然而實際上並非如此。上帝與我：我們是一。透過了解上帝，我把祂帶到我身邊。透過愛上帝，我穿透了祂。」[45]

現在我們可以回過頭看看，人對父母的愛和人對神的愛之間的一個重要相似之處。小孩一開始會依戀母親，把她當成「一切存在的基礎」。他感覺無助，需要母親籠罩一切的愛。然後他會轉向父親，以父親作為新的依戀中心，作為思想和行為的指引。在這個階段，他的行事動機是博取父親的讚賞，避免惹父親不悅。到了完全成熟階段，他會擺脫母親和父親形象，不再把他們當作保護性和指揮性力量。他會在自身確立父性原則和母性原則。他變成了自己的父親和母親。他就是父親和母親。在人類的歷史上我們也看到（和預期到）同樣的發展：在一開始，人類對神的愛是一個無助小孩對母親女神的依戀，然後他順從地依戀著像父親一樣的神，然後他達到成熟階段，不再把神看成外在力量，而是把愛和正義的原則整合到自己身上，變為與神同一。最終，他只是以詩意和象徵的方式談論神。

由此可見，對神的愛和對父母的愛是不可分的。如果一個人不能脫離對母親、氏族和民族的依戀，如果他對行賞罰的父親保持幼稚依賴，他就不能發展出一種對神更成熟的愛。那麼，他的宗教就會是停留在早期階段的宗教，在其中，神被體驗為一個提供全面保護的母親和一個行賞罰的父親。

所有這些階段，從最原始的階段到最高階的階段，全都可以在當代社會找到。「上帝」一詞既被用來指「絕對的無」，也被用來指部落酋長[46]。同樣的，正如佛洛伊德所顯示，個人的潛意識裡保留著從無助的嬰兒開始的各個人生階段。重點是一個人成長到哪個階段。有一點是肯定的：一個人對上帝的愛，其性質是對應於他對人的愛，而且他對神和對人的愛的真正性質也往往是潛意識的，因此，當他的思想愈發成熟，則對「什麼是愛」愈發受到遮蔽，並改頭換面。再者，他對他人的愛雖然是直接嵌入他和家人的關係中，但分析到最後卻是由他身處的社會結構決定。如果社會結構在性質上是順服權威（要麼是公然的權威，要麼是市場和輿論等不著痕跡的權威），那他對上帝的概念就必然是嬰兒式的，離成熟的概念甚遠，其根源可以在一神論宗教的歷史裡找到。

【註釋】

1. 譯註：本書所謂的「分離」、「分離感」或「分離性」指人與他人或外在世界的撕裂。
2. 譯註：「畜群」這裡指沒有個體面目的群體。
3. 我在《逃避自由》中對施虐狂和受虐狂有更詳細的說明。E. Fromm, *Escape from Freedom,* Rinehart Company, New York, 1941.
4. Spinoza, *Ethics* IV, Def. 8.
5. 譯註：接受取向、剝奪取向和囤積取向是佛洛姆人格理論中的一些人格取向。例如，「接受取向」指只有在別人不斷的給予、保證、肯定和關注中才會有安全感的性格。這些取向同屬「非創造性取向」人格的範疇。
6. 我在《自我的追尋》中對這些性格取向有更詳細的說明。E. Fromm, *Man for Himself*, Rinehart Company, New York, 1947, Chap. III, pp. 54-117.
7. 可與史賓諾莎對喜樂的定義相比較。
8. “Nationalökonomie and Philosophie,” 1844, published in Karl Marx, *Die Frühschriften*, Alfred Kröner Verlag, Stuttgart, 1953, pp. 300, 301. (My translation, E. F.)
9. I. Babel, *The Collected Stories*, Criterion Book, New York, 1955.
10. 上面這番話隱含著今日西方心理學一個重要任務。心理學大為流行固然顯示出人們對了解人的知識的興趣，然而又暴露出愛在今日人類關係中的闕如。心理學知識於是變成了在愛中充分了解人的替代品，而不是向愛踏出的一步。

11. R. A. Nicholson, *Rūmī*, George Allen and Unwin, Ltd., London, 1950, pp. 122-3.
12. 佛洛伊德在他後來提出的「生命本能」和「死亡本能」概念中已經朝這個方向跨出第一步。他認為，「生命本能」是綜合和統一原理，這和他的力比多概念在發展階段上大相逕庭。不過雖然「生命本能」和「死亡本能」的理論得到正統精神分析家的接受，卻沒有因此導致力比多概念獲得根本的修正（在臨床工作上特別是如此）。
13. 沙利文在《精神病學的人際理論》描述了這個發展：*The Interpersonal Theory of Psychiatry*, W. W. Norton & Co., New York, 1953.
14. 參考本章註釋5。
15. Simone Weil, *Gravity and Grace*, G. P. Putnam's Sons, New York, 1952, p. 117.
16. 譯註：「陌生人」在《中文和合本聖經》作「寄居者」。
17. Hermann Cohen有同樣看法，見其*Religion der Vernunft aus den Quellen des Judentums*, 2nd edition, J. Kaufmann Verlag, Frankfurt am Main, 1929, p. 168 ff.
18. 田立克（Paul Tillich）在一九五五年九月號的《田園心理學》（*Pastoral Psychology*）中評論拙著《健全的社會》時，曾提議丟棄有歧義性的「自愛」一詞，改為用「自然的自我肯定」（natural self-affirmation）或「弔詭的自我接受」（paradoxical self-acceptance）來取代。雖然我看得出來這個建議的優點，但仍然無法同意此議。在「自愛」一詞中，自愛包含的弔詭成分要更加清晰可見。它道出了一個事實：愛是一種對所有事物（包括我自己）一樣的態度。我們也必不可忘了，這個意義的「自我」一詞是有其歷史的。《聖經》在要求「愛鄰人如己」的時候，就觸及了自愛。愛克哈特（Meister Eckhart）也在同樣的意義下談過自愛。
19. John Calvin, *Institutes of the Christian Religion*, translated by J. Albau, Presbyterian Board of Christian Education, Philadelphia, 1928, Chap. 7, par. 4, p. 622.
20. *Meister Eckhart*, translated by R. B. Blakney, Harper & Brothers, New York, 1941, p. 204.
21. 譯註：兩人皆為著名人類學家。

22. Psalm 22 : 9.
23. 這一點特別適用於西方的一神論宗教。反觀在印度的宗教中，母親的形象，例如時母女神（Goddess Kali），仍舊保持很大的影響力。佛教和道家則即便沒有完全取消神或女神的觀念，也沒有賦予它們多少重要性。
24. 邁蒙尼德（Maimonides）的否定面屬性概念可參見他的《解惑指引》（*The Guide for the Perplexed*）一書。
25. Aristotle, *Metaphysics*, Book Gamma, 1005B. 20. Quoted from *Aristotle's Metaphysics*, newly translated by Richard Hope, Columbia University Press, New York, 1952.
26. Lao-tse, *The Tâo Teh King, The Sacred Books of the East*, ed. by F. Max Mueller, Vol. XXXIX, Oxford University Press, London, 1927, p. 120. 譯註：原話為「正言若反」。
27. W. Capelle, *Die Vorsokratiker*, Alfred Kroener Verlag, Stuttgart, 1953, p. 134. (My translation. E. F.)
28. 出處同前，第132頁。
29. 出處同前，第133頁。
30. 出處同註釋26，第69頁。譯註：原話為「重為輕根，靜為躁君。」
31. 出處同註釋26，第79頁。譯註：原話為「道常無為而無不為。」
32. 出處同註釋26，第112頁。譯註：原話為「吾言甚易知，甚易行，天下莫能知，莫能行。」
33. 出處同註釋26，第113頁。譯註：原話為「知不知上，不知知病。」
34. 出處同註釋26，第47頁。譯註：原話為「道可道，非常道；名可名，非常名。」
35. 出處同註釋26，第57頁。譯註：原話為「視之不見名曰夷，聽之不聞名曰希，搏之不得名曰微，此三者不可致詰，故混而為一。」
36. 出處同註釋26，第100頁。譯註：原話為「知者不言，言者不知。」
37. H. R. Zimmer, *Philosophies of India*, Pantheon Books, New York, 1951.
38. 出處同前。

39. 出處同前，第424頁。
40. 出處同前，第424頁。
41. *Meister Eckhart*, translated by R. B. Blakney, Harper & Brothers, New York, 1941, p. 114.
42. 譯註：這是「上帝」的另一種說法。
43. 出處同註釋41，第247頁。另可參考邁蒙尼德的否定面神學。
44. 譯註：猶太教神祕主義流派。
45. 出處同註釋41，第181至182頁。
46. 譯註：指權威儼如部落酋長的神。

第三章

現代西方社會中的愛及其解體

愛的存在只有一個證明：

關係深邃，雙方各有活潑和強壯的生命力。

如果愛是成熟的、是創造性人格所具有的一種能力，那麼一個人的愛的能力將視乎他所身處的文化對一般人人格的影響力而定。如果我們談論現代西方文化中的愛，我們乃是要去問西方文明的社會結構，及其產生的精神是否有助於愛的發展。我們提出這個問題是要給它一個否定的答案。對於我們的西方生活，任何客觀觀察者都會看出，愛（包括兄弟愛、母愛和男女愛）是一種頗為罕有的現象，其地位受到各式各樣的假愛取代。有多少種假愛，就有多少種愛的瓦解。

資本主義一方面是建立在政治自由的原則，另一方面是建立在市場作為所有經濟關係（也因此是所有社會關係）規範者的原則。商品市場決定了商品交換的條件，勞動市場規定了勞動力的購買和出售。所有有用的東西，還有有用的人力和技術，都被轉化為可以在市場的條件下自由交換的商品，無須訴諸武力和欺詐。皮鞋雖然有用和被需要，但如果市場對它們沒有需求，就不具有經濟價值（交換價值）。如果現存市場條件不是對人力和技能有需求，它們也不會有交換價格。資本的擁有者可以購買勞動力，命令其為自己有利可圖的投資而工作。勞動力的擁有者必須按照現存市場條件，把他的勞動力售賣給有資本的人，否則就會挨餓。這種經濟結構反映在一個價值的高低層級上。資本對勞動力發號司令；積累的財富儘管是死的，但它們比有生命的勞動力和比人的能力價值更高。

資本主義自始就是以此為基本結構。雖然現代資本主義仍然有著這種特徵，但好些因素已經改變，導致當代資本主義有了自己的獨特性質，而這些性質又對現代人的人格結構影響深遠。隨著資本主義的發展，我們看到了一種不斷加強的資本集中和集聚的現象。大企業在規模上不斷擴大，較小的企業被淘汰出局。投資這些企業的人和管理這些企業的功能被隔離得越來越遠。成千上萬的股東擁有一家企業，但管理企業的卻是坐領高薪但不擁有企業的管理階層。這管理階層更感興趣的不是創造最大利潤，而是擴大企業和擴大自己的權力。資本集中現象的不斷增加及強大有力經理階層的出現，和勞工運動的發展齊頭並進。透過勞工的工會化，個別工人不用親自在勞動市場上為自己議價。他們被聯合在一個大型的勞工聯盟中，由一個也是力量強大的管理階層代表他們面對產業巨頭。不論是好是壞，勞動力領域和資本領域的倡議權都從個人轉到了管理階層手中。越來越多人失去獨立性，變得依賴大型經濟帝國裡的經理人。

資本集中引起的另一個決定性後果（也是現代資本主義的特色之一），是特殊的工作編制方式。龐大的集中化企業和徹底的勞動分工讓工作者失去個體性，變成了機器中一個可替換的齒輪。現代資本主義中人的困境可以歸納如下：

現代資本主義需要能順暢合作的大量人力，需要人們消費越來越多，需要品味標準化以便容易被影響和預期。資本主義社會需要人們覺得自由和獨立，不受制於任何權威、原則或良心，然而又心甘情願地接受命令，做他們被期望去做的事，毫無摩擦地適應社會機器。這些人不用武力就能被指揮，不用領袖就能被領導，不用目的就能被激勵。他們只有一個目的：變富、奔忙、運轉、前進。

結果是什麼？是現代人與自己、他人和自然界疏離。[1] 他被轉化成為商品，把自己的生命經驗做為一種必須在現存市場條件下帶來最大利潤的投資。人與人的關係本質上變成了互相疏離的機器人之間的關係。為了安全，每個人都緊緊貼附著群體，不論思想上、情感上和行動上都務求不要與別人不同。然而，雖然人人都盡力貼近他人，但每個人仍然是完全孤單，充滿深深的不安全感、焦慮感和罪惡感。這是分離處境沒有被克服時必然會出現的情形。我們的文明提供很多方法讓人們意識不到自己的孤單。首先是用千篇一律的科層化和機械化的工作，來麻痹人們最基本的渴望，也就是麻痹他們對超越和合一需要。由於光是工作的一律化並不能達到這個目的，人們又用娛樂的一律化來克服他們不自覺的絕望。他們對娛樂工業提供的聲光進行被動消費，透過購買日新月異的產品獲得滿足。現代人的處境和赫胥黎（Huxley）在《美麗新世界》（*Brave New World*）中描述的很類似：吃得好，穿得好，性慾獲得滿足，但沒有自我，和他人只有最表面的接觸。在赫胥黎的精闢構思裡，他們生活所遵循的口號乃是：「個人有思想，社會就晃動」、「千萬別把今日可有的享樂推遲至明天」和「近日每個人都很快樂」。今天，人的幸福是由「享受樂趣」構成，而享受樂趣意謂囫圇吞棗地嚥下大量商品、景色、食物、飲料、香菸、演講、書籍和電影。世界是我們慾望的巨大對象，是大蘋果、大酒瓶和大乳房。我們是吮吸者，永遠充滿期待又永遠失望。我們的人格被設定成隨時準備好去交換和去消費，每一樣事物（不論是精神的還是物質的）都變成了交換和消費的對象。

基於事理的必然，現代人的愛和他們的社會性格兩相呼應。機器人沒有愛可言，他們只能交換整套的「美好性格特徵」，希望做到一樁公道買賣。在這種疏離的結構中，最能夠道出愛（又特別是婚姻）的「精義」的，是「團隊」的觀念。在無數談幸福婚姻的文章中，最理想的婚姻都被形容為運作順暢的團隊。這種團隊和運作順暢的僱員團隊沒多大不同，兩者都是要求當事人具備「適度的獨立性」、合作性、容忍性，同時又要具備野心和侵略性。所以，婚姻顧問告訴我們，當丈夫的應該「體諒」太太和樂於幫忙。他應該讚美她買的新裝漂亮，煮的飯菜可口。反過來，當丈夫疲倦而滿腹牢騷回到家的時候，太太也要能體諒，應該聚精會神聆聽丈夫所吐的職場苦水。對於丈夫忘記自己的生日，她也必須理解，不可生氣。但所有這一類關係雖然潤滑良好，但兩人一輩子都是陌生人，永遠達不到「中心關係」[2]，雙方只是相敬如賓，盡力讓對方舒適而已。

在這種愛和婚姻的觀念中，主要在強調如何找尋一個避難所，以便逃避捨此以外讓人無法忍受的孤單感。所以最終來說，在愛中，人們找到的只是免於孤單的避風港。如此，人們建立了一支對抗世界的二人聯隊，但這種兩人份的自我中心主義卻被誤解為愛和親密。

這種對團隊精神和相互包容的強調，只是較近期的發展結果。在這之前，在第一次世界大戰結束後的年代，盛行的是另一種愛的觀念。該觀念主張，相互的性滿足是愛的關係的基礎，又特別是幸福婚姻的基礎。人們相信，婚姻不幸福的最常見理由，在於夫妻雙方未能達到正確的「性協調」。這個錯誤被認為是對「正確」的性行為缺乏知識，是夫妻一方或雙方性技巧有瑕疵所致。為了「治療」這種錯誤，幫助不能互愛的不幸夫妻，很多書籍提出了正確性行為的指引，並且或明或暗地向讀者承諾，只要遵循這些指引，幸福和愛就會隨之而來。這種思路的基本觀念，是愛情乃性歡愉的產物。如果兩個人學會怎樣讓彼此獲得性滿足，就能彼此互愛。這種思路符合當時的一個普遍錯覺：正確的技術不僅可以解決工業生產的技術難題，還可以解決一切人生難題。人們不知道，這個基本假設要顛倒過來才是正確。

愛不是足夠性滿足的結果，反而性幸福（甚至是所謂性技巧的知識）是愛的結果。即使撇去可證明此說的日常觀察不論，我們仍有大量的精神分析資料可供佐證。對最常見性問題（包括女性的性冷感和男性或輕或重的心理性性無能）的研究顯示，問題的根源不是缺乏正確技巧的知識，而在於心理上的抑制讓當事人無法去愛。害怕或憎恨異性是這些困難的根源，它們讓人不能把自己完全給出去，不能自然而然地行為，不能在進行直接肉體接觸時信賴性伴侶。如果在性方面受到壓抑的人能夠擺脫恐懼或憎恨，因此變得能夠去愛的話，他（她）的性難題就會獲得解決，否則懂再多性技巧的知識亦是毫無用處。

雖然精神分析資料可顯示正確性技巧能帶來性幸福和愛之說為謬，但此說的基本假設——愛是伴隨相互性滿足而來——卻主要是受佛洛伊德理論的影響而產生。在佛洛伊德看來，愛基本上是一種性現象。「人藉由經驗發現，性愛（生殖器的愛）為他提供了最強烈的滿足體驗，而且這種愛實際上為他提供了一切幸福的原型，所以這種發現讓他認識到，他應該繼續沿著性關係的道路去尋求人生的幸福滿足，而且應該讓生殖器的性興奮成為生活的中心點。」[3]在佛洛伊德看來，兄弟愛是性慾的產品，但在此，性本能被轉化成為一種帶有「抑制目的」（inhibited aim）的衝動。「帶有抑制目的的愛起初確實是感官性的愛，至今在人的潛意識中也仍是這樣。」[4]至於融合感——「汪洋感受」（oceanic feeling）——這種感覺是神祕主義體驗的本質，則被佛洛伊德解釋為一種病態現象，是一種向生命早期「無上限自戀狀態」的退化。[5]

在佛洛伊德看來，從這種觀點只要再進一步，就可以推論出愛是一種非理性現象。對他來說，非理性的愛和作為成熟人格的表現的愛並無區別。他在一篇論移情之愛（transference love）的文章中指出[6]，移情之愛和「正常」的愛本質上並無不同。墜入情網總是跡近不正常，總是伴隨著對現實的盲目，總是強迫，是把兒時所愛的對象轉移到一個人身上的結果。佛洛伊德認為，作為理性現象的愛，作為人格成熟最高表現的愛，不是可供研究的題材，因為那樣的東西並不真正存在。

無論如何，我們不可認為佛洛伊德對於愛是性吸引力的結果，或愛與性滿足是同一回事的觀念有太大影響力。兩者的因果關係其實是倒過來。佛洛伊德的觀念部分受到十九世紀觀念的影響，部分在第一次世界大戰結束後那些年間流行的觀念中大受歡迎。在影響佛洛伊德的概念和大眾思潮的諸多因素中，首先是對維多利亞時代嚴格道德規範的反動。決定佛洛伊德理論的第二個因素在於當時流行的人的概念，這種概念建立在資本主義的結構基礎上。為了證明資本主義符合人的本性需要，必須說明人在本性上是競爭的，是彼此敵對的。經濟學家以人對經濟收益永不滿足的慾望來「證明」這一點，達爾文主義者以「適者生存」的生物學法則來證明這一點，佛洛依德則以另一條不同的途徑達到同一個結論。他假定男人是受到征服所有女人的無限慾望所驅使，只有社會的壓力阻止男人把這慾望付諸實行。由此引起的一個結果就是，男人必然會互相嫉妒，而即便所有導致競爭的社會和經濟原因都消失，這種互相嫉妒仍然會繼續下去。7

最後，佛洛伊德還受到流行於十九世紀的那種唯物主義的極大影響。當時的人相信，所有心理現象的底蘊都可以在生理現象找到，所以愛、恨、野心、嫉妒被佛洛伊德解釋為性本能的各種不同形式的表現。他並沒有看出，基本的事實在於人類生存的整體性：首先是一切人所共有的人類處境，其次是由特定社會結構決定的生活實踐（馬克思以其「歷史唯物主義」邁出了超越這類唯物主義的關鍵性一步。按照歷史唯物主義，肉體或本能——諸如對食物及財產的需求等——皆不能用來理解人，只有人的整體生活過程，只有他的「生活實踐」，才是理解人的關鍵）。根據佛洛伊德的觀點，對所有本能慾望的完全和無抑制滿足會創造出心理健康和幸福。但是，明顯的臨床事實表明，那些一生沉迷在追求無節制性滿足的男女並沒有得到快樂，反而常常為精神官能症所苦。所有本能需要的完全滿足不僅不是快樂的基礎，甚至不能擔保人的神智健全。佛洛伊德的觀念可以在第一次世界大戰之後的時期那麼流行，是由於資本主義的精神發生了改變：從強調儲蓄改為強調花費，從把自我刻苦作為經濟成功的手段，改為把消費作為市場擴大的基礎，作為焦慮不安的機械化個體的主要滿足手段。「不要推遲任何慾望的滿足」不僅成為所有物質消費領域的主要傾向，也成為性領域的主要傾向。

如果把符合本世紀初資本主義精神的佛洛伊德的概念，和已故的傑出當代精神分析家沙利文（H. S. Sullivan）的理論作一比較，會很有意思。我們發現，與佛洛伊德的體系迥然不同的是，在沙利文的精神分析體系中，性和愛之間有著嚴格區分。

那麼，按照沙利文的概念，愛和親密的涵義又是什麼呢？「親密是一種涉及兩個人的情形：它允許個人價值的全部成分都生效。個人價值的生效需要一種我稱之為合作的關係。所謂合作，就是指在追求越來越大同一性的過程中（也就是在追求越來越多近乎相互滿足的過程中），並在維持越來越相似的安全措施之際，一方明顯地按照另一方表明了的需求，調整自己的行為。」[8]如果把沙利文這番有點繞口的話加以簡化，他的意思無非是：愛的本質在於合作。在合作中，兩人覺得「我們按照規則比賽，以便保持我們的權益，並享受我們的優越感」。[9]

就像佛洛伊德的愛情觀念，是對十九世紀資本主義中父權主義男性的體驗的描寫，沙利文的描寫，則是對二十世紀疏離和市場性人格的體驗的描寫。它是對「二人份自我中心主義」的描繪，在這種自我中心主義中，兩個人結合他們的共同利益，一起對抗有敵意和疏離的世界。事實上，沙利文給親密所下的定義，原則上適用於每一支互助合作的團隊：「一方為了追求共同目標，會依照另一方表明了的需要，調整自己的行為。」（沙利文在這裡說的是表明了的需要，但當我們談到愛，它最起碼隱含著兩個人對彼此未表明的需要有所反應。）

把愛視為相互的性滿足，以及把愛視為「團隊工作」和逃避孤單的避風港，是愛在現代西方社會中兩種「正常」的解體方式，是愛之病態的社會典型。病態的愛還有許多個體化的形式，它們導致了意識層面的痛苦，並被精神醫師和日益增多的普通人視為具有神經質的性質。在下面的例子中，我將略述其中一些較為常見的形式。

神經質的愛的基本原因，在於「愛侶」的一方或雙方仍然停留在對父親或母親的依戀中，因此把以往對於父親或母親的情感、期待和懼怕在成年生活中，轉移到所愛的人身上。這些人從來沒有擺脫嬰兒期的關係模式，以致在成年生活的情感要求中仍然尋求這種模式。這種人在情感上還停留在兩歲、五歲或十二歲的階段，而在智力和社會關係上則處於他實際年齡的階段。在較嚴重的個案，這種情感不成熟會破壞當事人的社會生活。在較不嚴重的個案，則衝突僅限於發生在親密的關係中。

參照我們前面關於以母親或父親為中心的人格的討論，神經質的愛的關係在今日非常常見。有這種傾向的男人，在情感發展上仍然沒有脫離嬰兒對母親的依戀，某個意義下從未斷奶。這種人的感情仍然像小孩，想要得到母親的保護、愛、溫暖照顧和誇獎。他們想要得到母親無條件的愛。這種愛純粹是因為他們需要，因為他們是母親的孩子，和因為他們軟弱無助而給予。這樣的男人要引誘女人去愛他們時往往是深情而迷人，甚至引誘成功之後也是如此。但他們和女人的關係——一如和所有其他人的關係——是停留在表面和不負責任。他們的目的是被愛，不是去愛。這些男人往往有著很大的虛榮心，有著或多或少隱藏的狂妄思想。如果他們找到合適的女人，他們便會感到安全，儼如站在世界頂峰，可以變得極為深情和迷人。這就是何以這種男人如此容易使人受騙，以為他們是懂得愛的人。然而不久之後，當對方不再乎合他們的幻想性預期，衝突和不滿便開始出現。如果女人不再崇拜他們，如果她們要求有自己的生活，如果她們要求被愛和被保護，如果（這是最嚴重的情況）她們不願意寬恕他和別的女人的風流韻事，男人就會覺得深深受傷和失望，常常為合理化這種情感而指出對方「不愛他、自私自利或有支配慾」。只要對方有一點點不像慈愛母親對迷人小孩的態度，就會被認為是愛的闕如的證明。這種男人常常把他們矯揉造作的行為，把他們的討好心態，和真誠的愛情相混淆，由此得出他們受到不公道對待的結論。他們自以為是偉大的情人，會激烈抱怨伴侶的不知感激。

這種母親中心的人極少能夠運作正常而沒有出現極端紊亂。事實上，如果他們母親使用過分保護的方式來「愛」他們，如果他們找到一個與母親同類型的妻子，又如果他們擁有特殊的稟賦讓他可以施展魅力和獲得欣賞（有些成功的政客就是這個樣子），那他們雖然沒有到達一個更高的成熟程度，一樣可以在一個社會的意義下稱為「調適良好」。然而如果條件不是那麼有利（這種情形當然是更常見的），那即便他們的社會生活沒有讓他們嚴重失望，他們的愛情生活一樣會讓他們嚴重失望。這種型態的人格若是任其自行發展的話，必然產生種種衝突，還常常會帶來強烈的焦慮和憂鬱。

在另一種更嚴重的病態愛中，對母親的固著（fixation）要更深邃和更非理性。在這個層次，當事人的願望——打比方說——不是回到母親保護性的雙臂，不是回到母親哺育性的胸脯，而是回到母親容納一切（和摧毀一切）的子宮。如果神智健全意謂著從子宮誕生出來和進入世界，那麼嚴重精神疾病的性質就是受到子宮的吸引，被吸吮回到子宮去——這相當於生命被奪去。這類固著通常發生在用吞噬—毀滅方式對待孩子的母親身上。這些母親有時以愛的名義，有時以責任的名義，把他們的孩子——最先是小孩，然後是少年人，然後是大人——保留在她們裡面，讓孩子不透過她們便無法呼吸，便無法愛（除非是在膚淺的性的層面）。她們要讓孩子永不能自由和獨立，當一個永久的殘缺者或囚犯。

母親的這一面——摧毀性、吞噬性的一面——是母親形象的陰暗面。母親能夠給予生命，也能夠取走生命。她是復甦者，也是摧毀者。她能夠施展愛的法術，又比任何人更能傷人。在宗教意象（例如印度教的時母女神）和夢的象徵體系裡，母親的這兩個對立面經常出現。

另一種的病態愛主要是由依戀父親引起。

一個典型的例子是，一個男人有一個冷淡和疏遠的母親，而父親（部分是因為妻子的冷淡）則把全部的情感放在兒子身上。這父親是一個好父親，但又是一個獨裁者，每當兒子的行為讓他高興，他就會誇獎他，給他禮物，充滿深情。但每當兒子讓他不高興，他就會收回愛或加以責備。由於父親的感情是那個當兒子的人所唯一擁有的，所以他會像個奴隸般的依賴父親。他的主要人生目的是取悅父親。每當成功，他就會感覺快樂、安全和滿足，但他若是犯了錯或是沒能成功取悅父親，就會覺得洩氣、不被愛和被拋棄。在後來的人生中，這種人會設法找一個他可以用同樣方式依附的父親型人物。他的整個人生會成為一連串的心情起伏，是起是伏端視他是否贏得父親的誇獎。這一類男人在事業上通常非常成功。他們認真、值得信賴和勤奮——前提是他們所選擇的父親型人物懂得怎樣對待他們。但是他們和女性的關係是冷淡和保持距離。女性對他們沒有核心重要性。他們對女性有一點點鄙視，常常是以父親對待小女孩似的態度來掩飾這種鄙視。他們最初也許會用他們的男子漢氣質打動一個女性，但之後會變得越來越讓人失望，因為如果一個女人嫁給這種男人，就會發現自己註定扮演次要角色，任何時候地位都比丈夫依戀的父親型人物低一等。當然，如果這個妻子正巧是一個依戀父親的女人，情形就另作別論。這個時候，她可以從丈夫把她看成一個任性小女孩的態度得到快樂。

一種更複雜的病態愛是由一種與上述不同的親子關係引起。這種病態愛的當事人的父母並不相愛，但卻壓抑著，不吵架也不流露出任何不滿的跡象。與此同時，他們的彼此疏遠也讓他們和小孩的關係變得不自然。一個小女孩在家裡感受到的只是「一切正常」的氛圍，但從不被允許與父親或母親發生親密接觸，她因而感到困惑和害怕。她從來不確定父母的感受或想法，空氣中總有一個懸疑的成分，結果就是這個小女孩會撤退到自己的世界，浸沉在白日夢裡，和他人保持疏遠。她在日後和他人的愛情關係中也是保持同樣態度。

更且，這種撤退會導致強烈焦慮，讓人覺得自己在世上沒有堅定立足點，並常常導致受虐狂的傾向，因為只有這種方式可以讓她體驗到強烈興奮。這種女人往往寧願他們的丈夫大吵大鬧，而不是保持一種較為正常和理智的行為，因為這至少可以讓她們把緊張和恐懼的重擔卸去。常見的是，有時她們會不自覺地故意惹火丈夫，以求讓折磨人的情緒中性狀態結束。

另外還有一些常見的非理性的愛。我把它們羅列如下，但不會去分析它們在兒童發展階段的根源。

一種不算罕見的假愛是偶像崇拜式的愛（idolatrous love），它常常被說成——特別是被電影和小說說成——一種「大愛」（great love）。如果一個人的發展未能到達自我認同的層次（這種自我認同是以創造性地展開自己的天賦力量為基礎），就很容易會把所愛的人「偶像化」。他從自己的力量疏離開來，把它們投射在所愛的人身上，把對方視為是「最高善」（summum bonum）的化身，是一切愛、一切光和一切至福的傳送者。在這個過程中，他剝奪自己所有的力量感，在所愛的人中迷失自己而不是找到自己。由於長遠來說，沒有人可能符合偶像崇拜者的期望，失望必然發生，導致需要尋求一個新偶像作為補救（有時這種尋求會無止境地循環）。偶像崇拜式的愛一開始會讓人產生強烈和突然的愛的體驗。這種愛常常被描繪為真愛，為大愛，但這種描述雖是為了表達這種愛的強烈和深刻，它只證明了偶像崇拜者有多麼饑渴和絕望。無需說的是，兩個人互相以對方為偶像的情形並不少見。有時候，在最極端的情況下，他們會表現為一幅「二聯性精神病」（Folie à deux）的圖像。

另一種類型的假愛也許可以稱為感傷性的愛（sentimental love）。它的本質只存在於幻想裡，不存在於此時此地兩個真實的人的關係裡。這種形態的愛最常見於愛情電影、雜誌愛情故事和情歌的消費者所感受到的替代性愛情滿足（vicarious love satisfaction）。所有對愛情、合一和親密性的未實現渴望，都可以在對這些產品的消費中獲得滿足。一對夫妻即便彼此分隔著不可逾越的高牆，一樣可以一起沉浸在銀幕上的幸福或不幸愛情故事，被感動得掉下眼淚。對許多這樣的夫妻來說，觀看愛情電影是他們體驗愛的僅有機會——當然，這種體驗不是他們彼此間的，而是一起作為旁觀者對他人的「愛」的體驗。只要愛是一個白日夢，他們就能參與其中；但只要愛一落入兩個真實的人的真實關係中，他們就會轉為冷漠。

感傷性的愛的另一個形式是對愛進行時間上的抽離。一對夫妻也許會因為回憶起他們過去的愛情而深受感動（哪怕他們現在一點都體驗不到愛），他們也可能由於幻想著兩人將來的愛情而感動。試問有多少訂婚男女或新婚夫妻儘管在此時此刻已開始互相厭倦，何嘗不是照樣夢想著他們在未來的愛情的至福？這種傾向與現代人所特有的一般態度相吻合：他生活在過去或未來，而不是生活在現在。他感傷地回憶起他的童年和母親，或快樂地規劃著他的未來。無論是透過參與其他人的虛構體驗而得以體驗愛，還是透過把愛從現在移入過去或將來而得以體驗，愛的這種抽象和疏離的形式在作用上如同鴉片，只能稍稍緩和現實的痛苦，稍稍緩和個人的孤單感和分離感。

還有另一種神經質的愛借助投射機制來迴避一己的問題，改為把焦點放在被愛者的缺點和軟弱之處。在這一點上，個人的行為跟群體、國家或宗教的行為非常相似。他們都對他人哪怕是最小的缺點洞若觀火，但卻對自己的缺點幸福地視而不見。這種人總是忙著指控或改造別人。如果兩個人同時是這樣（這種情形很常見），那麼愛的關係就會變質為相互投射的關係。如果我是個支配慾強或猶豫不決或貪婪的人，而我卻指控我的伴侶有這些特徵，那麼我會想要治療對方還是懲罰對方，將視乎我的性格而定。對方也是以同樣方式對我。如此，我們雙方都能對自己的毛病視而不見，因此永遠無法採取步驟來推進自己的人格發展。

另一種投射的方式是把一己的問題投射到小孩身上。這種投射常見的例子是對孩子的期望。在這種情況中，對孩子的期望主要是由把自己的存在問題投射到孩子身上決定。當一個人覺得未能使自己的生活有意義，他就試圖要使他的孩子生活得有意義。但是，這個人必然在自己身上和孩子身上都遭到失敗。前者是因為存在的問題，只能由每個人自己而不是由代理人解決，後者是因為這樣的父母缺少引導孩子自己去尋求答案所必需具備的素質。另外，當一樁不幸的婚姻面臨解體時，孩子也會成為被投射的對象。在這種情況下，父母會陳腐地認定他們不能離婚，理由是離婚會剝奪孩子可以從一個完整家庭得到的幸福。然而，任何深入的研究都表明，對孩子來說，這樣一個「完整家庭」的緊張和不愉快的氣氛，比公開的決裂更有害，因為公開的決裂至少可以教孩子明白，人能夠靠勇敢的決斷結束一種不可容忍的生活狀況。

另一個常見的錯誤也必須在此提及，那就是認為愛情必然意味著衝突的不存在。正如人們通常相信人在任何狀況下都應該避免痛苦與難過，也有很多人相信，愛意味著任何衝突的闕如。他們也滿有理由地以一個事實作為根據：環顧四周的紛爭，看來都是只具有破壞性，對涉及的雙方都沒有好處。但之所以是如此，在於大部分人的「衝突」事實上是避免發生真正衝突的手段。他們僅僅在小事情或浮面的事情上意見不合，而這些事情在本質上不會通向澄清或解決。兩個人之間的真正衝突——那些不是用作掩飾或投射的衝突，而是在它們所屬的內在真實的深刻層次被體驗到的衝突——並不是破壞性的。這種衝突會通向澄清，讓雙方得到淨化，變得更有了解和力量。這一點讓我們有必要再次強調一些前面談過的事情。

只有當兩個人從他們生命的中心互相溝通，換言之只有當兩個人各從自己生命的中心體驗到自己，愛才可能產生。人類實相只存在於這種「中心體驗」中，只有這裡有活潑的生命，只有這裡是愛的基礎。以這種方式體驗愛，愛乃是一項不斷的挑戰。它不是一個歇息之地，而是一同行動，一同成長，一同工作。在愛中，兩個人是從他們生命的本質去體驗自己，是透過與自己合一，而不是逃離自己去和對方合一。與此相較，他們是和諧還是衝突，是喜樂還是憂愁，都是次要的。愛的存在只有一個證明：關係深邃，雙方各有活潑和強壯的生命力。這是愛的果實，也是愛賴以被辨識出來的標誌。

就像機器人無法互愛，他們也無法愛上帝。對神的愛的解體和對人的愛的解體，程度上已不相上下。這個事實明顯打臉一種說法：我們的時代正在經歷一次宗教復興。沒有什麼比這個說法離事實更遠。即使有少數例外，我們正在目睹的是一種向神的偶像概念的退化，是把對神的愛，轉化為一種符合疏離人格結構的關係。這種向偶像神退化的趨勢是很容易看出來的。人們充滿焦慮，沒有原則或信仰，除了向前走以外毫無目的，因此他們繼續停留在兒童階段，希望父親或母親在他們有需要時出手幫助。

不錯，在宗教性文化，例如在中世紀文化，一般人也是把上帝視為一個能助人的父親和母親來仰望祂。但與此同時，他們也是以嚴肅的態度仰望上帝，認定生命的最高目標乃是按照上帝所訂的原則生活，把「得救」視為無上關懷，其他一切活動都是附屬於此。今天，再沒有人投入這種努力。日常生活與任何宗教價值嚴格地區分開。日常生活完全被用於追求物質享受，追求人格市場上的成功。世俗的一切努力是以冷漠和自我中心主義為原則（後者常常被美其名為「個人主義」）。我們可以把生活在真正宗教性文化中的人比作八歲的小孩：他固然需要父親的幫助，但在生活中也開始採納父親的教誨和原則。反觀當代人卻更像一個三歲小孩：他在有需要的時候會呼叫父親，否則就會自己玩和相當自滿。

就我們對擬人化的上帝有一種嬰兒般的依賴、卻不照上帝的原則生活而論，我們更接近崇拜偶像的原始部落而不是中世紀的宗教性文化。但我們的宗教處境又顯示出一些新的特徵，而那是當代西方資本主義社會所獨有。在此，我可以把本書曾經提過的論點重提一下。現代人把自己轉化成為商品。他把自己的生命能量看成一種投資，看成是他應該按照他在人格市場的位置和處境去謀求最大利潤。他與自己疏離，與他人疏離，與自然界疏離。他的主要目標是把他的技能、他的知識和他自己（他那整套「美好的特徵」），與他人進行公道和有利可圖的交換。除了向前走以外，他沒有目標；除了公道交易之外，他沒有原則；除了消費以外，他沒有其他獲得滿足的方式。

在這樣的情況下，上帝的概念能有什麼涵義？它原有的宗教意義已經被改造，去配合現代講求成功與疏離的文化。在今日的宗教復興裡，對上帝的信仰已經被改造為一種心理學手段，以幫助人更加能適應競爭鬥爭。現在宗教與自我暗示、心理治療聯手，幫助人追求商業成功。在本世紀二十年代，人們還沒有為了「改善一己的性格」而呼求上帝。卡內基在一九三八年出版的暢銷書《卡內基溝通與人際關係：如何贏取友誼與影響他人》（*How to Win Friends and Influence People*）完全是在世俗的層次立論。皮爾牧師（N. V. Pearl）的《積極思考的力量》（*The Power of Positive Thinking*）是今日最暢銷的暢銷書，作用和卡內基的書相同。這本宗教著作甚至沒有質疑我們對事業成功的無比重視，是不是和基督教的精神相符。相反的，追求事業成功這個最高目標被視為理所當然，而信仰上帝和禱告則被推薦為一種可以提高成功能力的手段。就像現代精神科醫師建議以笑臉迎人來廣招顧客那樣，有些牧師也建議人愛上帝以求事業更成功。「讓上帝當你的夥伴」一語是表示讓上帝當你的事業夥伴，而不是在愛、公義和真理中與祂合一。正如兄弟愛已經被非人格性的公平原則取代，上帝也已經變身為身在極遙遠處的「宇宙有限公司」的總經理。你知道祂存在，管理著一切（雖然沒有祂可能也行）。儘管然沒有見過祂，但你承認祂的領導地位，與此同時「盡好自己的本分」。

【註釋】

1. 有關疏離的問題，以及現代社會對人格的影響，更詳細的討論見《健全的社會》：E. Fromm, *The Sane Society*, Rinehart & Company, New York, 1955.
2. 譯註：前面稱作「中心關聯性」，指一種內心對內心的關係。
3. S. Freud, *Civilization and Its Discontents*, translated by J. Riviere, The Hogarth Press, Ltd., London, 1953, p. 69.
4. 出處同前，第69頁。
5. 出處同前，第21頁。
6. S. Freud, *Gesamte Werke*, London, 1940-52, Vol. X.
7. 唯一追隨佛洛伊德到底的學生是費倫齊（Sándor Ferenczi），但是他在晚年一樣改變了他對於愛的觀點。對這個問題的傑出討論，見*The Leaven of Love* by Izette de Forest, Harper & Brothers, New York, 1954.
8. H. S. Sullivan, *The Interpersonal Theory of Psychiatry*, W.W. Norton & Co., New York, 1953, p. 246. 必須指出的

是，沙利文提出的這個定義雖然是針對前青春期的人所說，他卻把這種努力當作是人格整體中的努力。這種努力在青春期之前所表現的即是他在定義中所說的情況：「當它們完全發展，我們就稱之為愛。」他又說，這種在青春期之前的愛「代表的是某種非常類似全面性的、精神病學上定義為愛的概念的開端」。

9. 出處同前，第２４６頁。沙利文對愛的另一個定義較不具市場色彩：當一個人感到另一人的需要和自己的需要一樣重要，愛便開始。

第四章
愛的實踐

愛是每個人終極和真實的需要。

談過愛的藝術的理論面向之後，我們現在面臨一個更為困難的問題：愛的藝術的實踐。除了去實踐它以外，我們對一門藝術的實踐還能有什麼可談的嗎？

讓這個問題的困難更見增加的是，今天大多數人（包括本書的很多讀者）都希望得到一個教他們「如何自己做」的解方。就這本書來說，這意味著我們應該教授如何去愛。任何帶著這種預期閱讀最後一章的人，恐怕會大失所望。愛只能是一種屬於每個人自己的體驗，只能自己去實踐。事實上，幾乎人人都至少以一種初步的方式，在兒童期、青春期或成年期獲得過這種體驗。討論愛的實踐所能做的，是討論愛的藝術的前提、趨近愛的藝術的方法，以及這些前提和方法的實踐。邁向目標的步伐只能由每個人自己踏出，而討論在踏出決定性步伐前便已結束。然而我相信，討論趨近的方法有助於掌握愛的藝術——至少對那些不指望得到解方的人來說是這樣。

任何藝術的實踐都有一定的基本要求，不管我們討論的是木工藝術、醫學藝術、還是愛的藝術。首先，一門藝術的實踐要求紀律。如果我不按照一定的紀律行事，就做不好任何事情。如果我只有「興之所至」才會去從事，則一門藝術充其量只會成為讓我愉快的嗜好，我永遠不會成為行家裡手。但重點不僅在某種特定藝術的實踐上保持紀律（例如每天固定進行若干小時），而是整個一生保持紀律。有人也許會覺得，現代人要學習紀律再容易不過，因為難道現代人不是以最有紀律的方式，每天從事八小時千篇一律的工作嗎？話是沒錯，只不過現代人的自律幾乎僅限於工作範圍，而在不用工作的時候，他就想要懶散（說得好聽一點是想要「放輕鬆」）。這種追求懶散的願望主要是對生活千篇一律化的反動。就因為人被迫一天八小時花費精力去做不是他主動想要做的工作，他就採取嬰兒式自我放縱的方式進行反抗。另外，在對抗極權主義的戰爭[1]中，他變得不信任何紀律（不管那是非理性權威強加的紀律還是自行採取的合理紀律）。然而，沒有這些紀律，生活就會變得碎散和混亂，缺乏專注。

專注是掌握任何藝術的先決條件，這一點幾乎用不著去證明。任何曾經努力學習一門藝術的人都會明白這個道理。然而，在我們的文化裡，專注比紀律還要難得。相反的，我們的文化鼓勵一種不專注和散漫的生活方式，其程度是絕無僅有。

我們總是同時間做幾件事，例如一面閱讀，一面聽收音機，一面說話，一面抽菸，一面吃喝。我們是張大嘴巴的消耗者，狼吞虎嚥地吞下一切：電影、酒和知識等。我們的缺乏專注清楚顯示在我們的難以獨處上。靜靜地坐著，不談話、不抽菸也不吃東西——這對大多數人來說幾乎是不可能的。這時，他們會變得神經質和坐立不安，必須用嘴或手做一些什麼事情（抽菸是缺乏專注的表徵之一，因為抽菸需要我們同時動用手、嘴巴、眼睛和鼻子）。

第三個條件是**耐心**。再一次，任何曾努力學習一門藝術的人會知道，想要有所成，耐心是必需的。一個人如果追求速效，就永遠無法學會任何藝術。然而，對現代人來說，要做到有耐性就像做到守紀律和專注一樣困難。我們整個工業體系鼓勵的恰恰是相反的觀念：快。我們的所有機器都是為了求快而設計。汽車和飛機把我們盡快帶到目的地，越快越好。一部機器若能用原有的一半時間生產出同樣多的產品，那它就比舊而慢的機器好一倍。這其中當然有著重要的經濟考量，然而就像許多其他方面一樣，人類的價值變成由經濟價值決定。而根據這種邏輯，對機器來說是好的事，對人來說也是好的。現代人覺得，如果他做事不快一些，就會有所損失：損失掉時間。但他又不知道怎樣使用省下來的時間，只能想辦法把它「殺」掉。[2]

最後，要學好任何藝術，都必須有無上關注的態度。如果一門藝術對學習者來說不是無比重要，他就永遠不可能把它學好。他頂多能成為一個有兩把刷子的玩票者，絕不會成為行家裡手。這條件就像對學習任何其他藝術那樣，對學習愛的藝術來說是必要的。只不過，在愛的藝術上，玩票者似乎特別多，行家裡手似乎特別少。

有關學習藝術的一般條件，還有一點必須提到。可以這樣說，我們從來不會一開始便直接學習一門藝術，而是通常採取間接方式。在開始學習一門藝術以前，我們必須先學習許多其他東西，而且常常是看似不相關的東西。木匠學徒要先學會刨木頭，學鋼琴的人要先練彈音階，學習射箭藝術的人要先練習呼吸。[3]一個人想要精通任何藝術，必須把整個生命奉獻給它，至少是讓整個生命都與它關聯在一起。我們自己整個人要成為實踐這項藝術的工具，而且要讓這工具中和實踐該藝術有關的特定方面，保持在最佳狀態。對愛的藝術來說，任何想要成為行家的人，在生命的每個階段都必須實踐紀律、專注和耐心。

我們要如何實踐紀律？我們的祖父輩比我們更加能夠回答這個問題。他們會建議你早睡早起，不要沉迷在不必要的享受，以及賣力工作。這些種類的紀律有著明顯的短處。它們刻板而專斷，是以儉樸和節約的美德為中心，而且在許多方面是敵視生活。但作為對這類紀律的反動，一個日益增長的趨勢是不信任任何紀律，把工作以外的時間投在沒有紀律的懶惰放縱中，以對抗和平衡八小時工作時間內強加於我們的千篇一律生活方式。要實踐紀律，一些顯見和初步的步驟是按規律的時間起床，每天花定量時間在沉思、閱讀、聆聽音樂和散步，不沉迷於逃避現實的活動（例如看靈異小說和電影），不過度飲食。然而，很重要的是，在實踐這些紀律時，不可把它們當成外力強加在我們身上的束縛。應該讓它們成為我們意志的表達。我們應該是心甘情願，而且久而久之成為習慣之後，反而會因為不去實踐而覺得若有所失。西方看待紀律的方式（和看待任何德行的方式）有一個讓人遺憾之處：認定其實踐會帶來痛苦，又因為這痛苦，所以是「可嘉的」。反觀東方在很久以前便認識到，對人來說是好的東西——對他的肉體與靈魂來說是好的東西——必然也是讓人愉快的，儘管在開始時有某些抗拒力需要克服。

在我們的文化，實踐專注要比實踐紀律難很多，因為舉凡這個文化的一切看來都是打壓專注的能力。學習專注最重要的一步是學習獨處。獨處時不要閱讀，不要聽收音機，不要飲食。事實上，能夠專注意味著能夠獨處，而這種能力正是愛的能力的前提。如果我只因為無法自己站立而依戀別人，那對方就會成為我的救生員，但我們的關係不會是愛的關係。弔詭的是，獨處的能力乃是愛的能力的先決條件。任何努力過要獨處的人都會知道這有多麼困難。他會覺得煩躁不安，甚至感到相當焦慮。他會為自己不願意繼續獨處找藉口，說這樣做沒有價值，根本是傻事或浪費太多時間等等。他會發現各種各樣的念頭都跑到他的腦子裡去，把他占據。他會發現自己正在思考對當天稍後的計畫，思考必須去做的工作有哪些困難，或者思考晚上要去哪裡，總之，有許許多多的事充滿他的腦袋，不容許他放空。有幾個簡單的練習可幫助我們提高獨處的能力。例如，以放鬆的姿勢坐著，想像眼前是一片白色的螢幕，努力移除一切的景象和念頭，然後把心念放在呼吸上。不去想呼吸，也不要強制它，而是順隨它，感覺自己正在呼吸。然後更進一步，努力產生「我」

的意識，感覺這個「我」是我的力量的中心，是我的世界的創造者。至少應該每天早上做二十分鐘這種專注練習（可能的話就做更長時間），每天晚上臨睡前也是如此。[4]

除了這類練習以外，一個人也必須學習在每件他所做的事情上保持專注，不管那是聽音樂、讀一本書、和別人談話，或看一片風景。必須把當下在做的事視為唯一重要的事，全副投入。如果我們能夠專注，那做的是什麼都沒有分別。在專注中，哪怕不重要的事情也會多了一個新的向度，因為它已得到一個人的全神貫注。為了學習專注，應該盡可能避免瑣碎的談話，即不真誠的談話。如果兩個人一起談論他們都知道的某棵樹的生長、談論他們剛剛一起吃下去的麵包的味道，或談論他們工作中的某個共同經驗，這樣的談話可能是相關的，只要他們體驗到他們正在談論的事物，而不是用一種抽象化的方式談話。反過來，即便他們談論的是政治、宗教等等大題目，他們的談話仍舊可能是瑣碎和沒有意義：如果兩人說的盡是陳詞濫調，如果他們的心並不在他們的談話上，這種情況就會發生。應該補充的是，避免瑣碎的談話固然重要，避免壞朋友同樣重要。我不光指應該迴避邪惡和有破壞性的人（要迴避這種人是因為他們的生活歷程是有害的和讓人沮喪的），還是指那些行屍走肉者（他們靈魂已死，只剩身體活著），以及那些思想和談話都瑣碎的人（他們用喋喋不休來代替談話，用人云亦云的意見來代替思想）。並非總是完全可以迴避這類人，也沒有必要。如果我們沒有按照他們預料的方式回應（即使用陳腔濫調和瑣碎的方式回應），而是直接與合乎人性地回應，我們常常會發現這種人會改變他們的行為。他們常常會因為受到突如其來的震撼而得到幫助。

在與他人的關係中，專注的首要意義是能夠傾聽。大部分人在聽別人說話或甚至給別人忠告時，都沒有真正傾聽。他們沒有認真看待對方的話，也沒有認真看待自己的回答，因此說話會讓他們疲倦。他們有一個錯覺，以為如果他們專心聆聽會更加疲倦。實際的情況正好相反。如果是出之以專心的方式，活動會讓人更為清醒（雖然過後會產生自然而有益的疲勞），反而任何不是聚精會神為之的活動會讓人昏昏欲睡——同時又會讓人在一天結束時難以成眠。

專注意味著完全活在當下，意味著當我正在做某件事的時候，不去想下一件要做的事。無庸說，最需要實踐專注的人必然是相愛的人。他們必須學會互相親近，而不以通常慣見的各種方式溜之大吉。實踐專注在剛開始是困難的，會讓人覺得永遠無法達到目的。這意味著實踐專注必須具有耐性。如果一個人不知道萬物各有其時而想揠苗助長，他將永遠無法變得專注，也無法精通愛的藝術。想知道一個人需要多大耐性，只要看看學走路的小孩就足夠。在學步過程中，小孩跌倒、跌倒再跌倒，然而他絕不罷休，非要學會走路而不跌倒為止。成年人如果能像小孩，在追求對他重要的事情上具有專注和耐心，成就將會是如何的巨大啊！

一個人如果不能變得對自己敏感，就無法學習專注。這話是什麼意思。難道是指一個人應該無時無刻地「分析」自己或者諸如此類嗎？如果我們用「對一部機器敏感」來比喻，那何謂「對自己敏感」就不難了解。例如，任何駕車人對自己的車子都是敏感的。只要車子發出再微小的異音都會引起他的注意，加速器的變化也是如此。對於路面的變化，對於車子前後車輛的行駛情形，駕駛人一樣有著敏感的感應。然而他並沒有**心心**念念想著這些變數。他的心靈處於一種放鬆的警戒狀態。這時他專注的事情是安全地駕駛汽車，而他的心向著有關這件事的一切變化敞開。

如果我們想了解人對別人的敏感，最明顯的例子是母親對嬰兒的敏感和反應。她在嬰兒出聲表達之前就會注意到嬰兒身上的某些變化、需求和焦慮。她的孩子一哭，她就醒來，但換成其他聲音，哪怕是更大的聲音，也不能把她吵醒。這一切都表示她對孩子生命徵象的敏感。她並不焦慮或擔心，而是處於一種警戒的均衡狀態，能接收到孩子發出的任何重要訊號。人也可以採用同樣的方式對自己敏感。例如當我們疲倦或沮喪時，我們可以不向這種感覺屈服，或者使用總是近在咫尺的壓抑思想助長這種感覺。相反的，我們可以問自己：「出了什麼事？我為什麼這麼憂鬱？」當我們注意到自己惱怒或生氣，容易做白日夢或從事其他逃避現實的活動時，也是可以這樣做。在所有這些例子中，重要的是不用千百種可能的理由去合理化它們。再者，如果我們願意接受我們的內在聲音，它就會告訴我們（常常是用很直接的方式），為什麼我會感覺焦慮、沮喪或惱怒。

一般人對自己的身體都相當敏感。他們會注意身體變化，甚至注意到只是少許的疼痛。這種對身體方面的敏感是比較容易的，因為大部分人對何謂身體健康都有一幅藍圖。但要對自己的心理過程敏感卻困難得多，因為很多人從來沒有見過一個心理運作最優化的人。他們把父母和親戚的心靈運作，或者他們所屬的社會群體的心靈運作，看作是楷模，而只要他們自己和這些人沒有不同，就覺得自己是正常的，不再有興趣觀察其他人的情形。例如，有很多人從來沒有見過一個充滿愛的人、一個有勇氣的人或一個專注的人。很顯然的是，為了要能對自己敏感，我們必須對何謂健康心靈運作有一幅全面的藍圖。如果一個人在童年或後來的人生中沒有這樣的藍圖，要如何對自己敏感呢？要回答這個問題誠然不容易，但這問題卻向我們指出了教育系統的一個關鍵缺失。

當我們忙著教導學生知識時，我們忽略了那種對人格發展上最為重要的教育：這種教育只可能由一個成熟和充滿愛的人以身教教予。從前，在我們西方文化中，或在中國與印度，最受推崇的人是具有傑出精神素質的人。就連老師也主要不是傳播知識，而是傳授做人的態度。反觀在當代資本主義社會（共產俄國也一樣），受到推崇和被競相模仿的人完全不具有傑出的精神素質。人們所羨慕和追隨的，是那些大出風頭，帶給他們替代性滿足的人，例如電影明星、廣播名人、專欄作家，以及商界和政府聞人。這些人的主要特點是時常製造新聞，引起轟動。然而情況看來不是全然的絕望。如果我們考慮到史懷哲也能夠在美國名聞遐邇，如果我們能夠看出還有許多可能性讓我們的年輕人認識尚在人世和歷史上的人類楷模，如果我們想到各個時代的偉大文學和藝術作品，則看來我們還是有可能創造出一幅成熟人格的藍圖，也因此能讓人對人格失調變得敏感。如果我們不能夠讓成熟人格的藍圖保持鮮活，那我們的整個文化傳統就有破滅之虞。這個文化傳統的延續主要不是靠某些種類知識的傳承，而是靠某些種類人格特質的傳承。如果來臨的世代不再能夠看見這些人格特質，則一個五千年的文化將會壽終正寢，哪怕其知識得到傳承和進一步的發展。

到目前為止，我討論的都是從事任何藝術必須具備的條件。現在我將會討論那些對愛的能力來說特別重要的素質。根據我就愛的性質所說過的話，要達到愛，主要條件是克服對一己的自戀。在自戀這種人格取向中，我們只認為存在於一己之內的事物是真實的，不認為外在世界的一切現象就其本身來說具有真實性，只按照它們對我們是有用或有害來體驗它們。自戀的反面是客觀性，是按照事物本然的樣子看待它們的能力，是能夠把這幅客觀圖像和根據一己慾望與恐懼所形成的圖像區分開來的能力。所有精神疾病都是客觀能力缺乏到了極點的表現。對精神失常的人來說，唯一的真實只存在於自身，是他自己的恐懼和慾望。他把外在世界看成是他內在世界的象徵，是他的創造物。我們所有人在做夢時莫不如此。在夢中，我們創造事件，搬演戲劇，表達我們的願望和恐懼（不過夢境有時也會是我們的洞察和判斷力的表達）。抑或是熟睡的時候，我們深信我們夢中的所見就像我們醒著時看見的東西一樣真實。

精神失常或做夢的人完全無法用客觀的方式看待外在世界，但我們每個人莫不是或多或少精神失常或正在做夢：我們每個人對世界都有不客觀的看法，看待世界的方式都受到我們的自戀取向所扭曲。我還需要舉例嗎？任何人只要看看自己、看看鄰居和讀讀報紙就可以找到例子。它們依自戀程度的不同而對現實有不同程度的扭曲。例如一個婦女打電話給醫生，說當天下午要到他的診所看診。醫生回說他下午沒有空，但第二天可以見她。她的回答是：可是醫生，我家離你的診所只有五分鐘路程。她不能理解醫生的說明：她住得雖近，卻無法節省他的時間。她完全是從自戀的角度出發看問題的：因為她節省了時間，所以醫生也節省了時間。對她來說，「我」是唯一的現實。

比較不極端的狀況——又也許只是比較不明顯——是那種在人際關係中司空見慣的扭曲。有多少父母在乎的只是孩子是否聽話，是否帶給他們樂趣，是否滿足了他們的虛榮心，而從沒想過孩子自己是怎樣想和怎樣感覺？有多少丈夫會認為妻子專橫霸道，是因為他們對母親的依戀，讓他們把任何要求都解釋為對他們自由的約束？又有多少妻子會以為丈夫沒有情趣或愚蠢，是因為丈夫不能符合她們幼時打造的白馬王子幻想？

國與國之間的缺乏客觀性是惡名昭彰的。年復一年，另一個國家被我們說成絕對的敗壞和邪惡，而我們自己的國家則永遠代表一切美好、一切高尚。我們用一個標準衡量敵國的每個行為，用另一個標準衡量我們自己的行為。就連敵國所做的好事也被我們認為是別有用心，是用來欺騙我們和世界。反觀我們自己的惡行，卻被認為因為可以服務我們的高尚目標，所以是必要和合理的。審視國與國的關係或人與人的關係，我們都會得出一個結論：客觀是例外，或多或少的自戀性扭曲為常規。

掌管客觀思考的機能為理性，理性背後的感情是謙卑。只有當一個人能夠謙卑，只有當他脫離了以為自己全知全能的兒童期迷夢之後，他才可能客觀，才能夠運用自己的理性。

對愛的藝術之實踐的討論而言，這意味著：愛因為取決於相對程度的無自戀，它需要發展謙卑、客觀性和理性。人的整個生命都必須為此而努力。謙卑和客觀性是不可分割的，就像愛是不可分割的一樣。如果我不能客觀地對待陌生人，我就不能真正客觀地對待我的家人，反之亦然。如果我想學會愛的藝術，須力求在每種情況下保持客觀，並且在我不客觀的時候能敏感地察覺到。我必須努力看出一個差別：我對於另一個人及其行為的印象，由於受到自戀傾向的扭曲，因而和那個人不受我的興趣、需要和恐懼影響的現實存在是不同的。一旦獲得客觀和理性的能力，就是對愛的藝術精通了一半。但這種能力必須運用在我們所接觸的每個人身上。如果有人想把他的客觀性保留給他所愛的人，以為他對其他人可以免除客觀，他將很快發現他在這兩方面都是失敗的。

是否有愛的能力，端看我們能否脫離自戀，能否脫離對母親和氏族的亂倫性固著。它端看我們的成長能力，即端看我們能否在與世界和與自己的關係中，發展出創造性取向。這是一個脫離、誕生和覺醒的過程，需要以一種素質作為先決條件，該素質就是信仰（faith）。[5]愛的藝術之實踐需要信仰之實踐。

何謂信仰？難道信仰必須牽涉上帝或宗教教義嗎？信仰又是否必然與理性思考背道而馳？為了了解信仰的問題，我們必須區分**理性**的信仰和非理性的信仰。我所謂的非理性信仰（不管是信仰一個人或一個觀念），是指因服從非理性權威而來的信仰。與此相反，理性的信仰是根植於一己的思想或感受的信念。理性的信仰主要不是關於某件特定事情的信仰，而是我們信念中的確定性和堅定性。信仰是籠罩整個人的性格特質，不是某個特定信念。

理性信仰是根植於創造性的思想活動和情感活動。在理性思考中（人們一般以為信仰在這種思考中毫無地位），理性信仰是一個重要成分。例如，科學家是如何得到一個新發現的呢？難道他只是一次又一次做實驗，蒐集一件又一件的事實，而未曾預想過將會發現的是什麼嗎？任何領域的真正重要發現，極少是以這種方式得來。也沒有人是只靠追逐一個天馬行空的想像而達到重要結論。在人類努力研究的任何領域，創造性思維常常從可以稱之為「理性的瞻望」（rational vision）的過程開始，而這種「瞻望」則是大量的事前研究、反思和觀察的結果。當科學家蒐集到足夠的資料，或演算出一個數學公式，而使得他原有的瞻望顯得相當可信時，就可以說他已得出一個暫定的假設。仔細地分析這個假設以辨識其涵義，並且大量蒐集證實資料，就可帶來一個更充分的假設，最終大概還會帶來一個包羅廣泛的理論。

科學史中對於理性的瞻望充滿信仰的例子不勝枚舉。哥白尼、克卜勒、伽利略和牛頓全都對理性懷抱著不可動搖的信仰。為了這種信仰，布魯諾被燒死在火刑柱上，史賓諾莎被革除教籍。從孕育「理性的瞻望」到建立一個理論，每個步驟都少不了信仰：相信這一個「瞻望」是值得追求的目標，相信一個假設是一個可信的命題，在一個理論的有效性獲得普遍承認之前，相信其為有效。這種信仰是根植於一己的經驗，根植於對一己思想力、觀察和判斷力的信心。非理性信仰是因為權威或大多數人的意見而接受某件事情為真，反觀理性的信仰則是以獨立的判斷為依據，以自己的創造性觀察和思考為基礎，無視大部分人的意見。

思想和判斷不是表現理性信仰的唯一經驗領域。在人類關係的領域，信仰也是任何重要的友誼和愛中不可少的素質。對別人有信心（信仰）意味著我確信他的基本態度、他的人格核心和他的愛是可靠、不會改變的。這不是說一個人不會改變意見，而是說他的基本動機是不變的。例如，我確信他對生命和人性尊嚴的尊重是他人格的一部分，是不會改變的。

我們也在同樣的意義下對自己有信心。我們意識到有一個自我的存在，意識到我們的人格有一個不變的核心，不會隨著環境的變遷而變遷，也不會隨著我的意見和情感的改變而改變。這個核心就是存在於「我」背後的真實，是我們對我們的同一性（identity）的信念之所寄。除非我們相信我們的自我持續不變，否則我們的同一性就會受到威脅，就會變得依賴他人，用他們的肯定作為我的同一性的基礎。只有對自己有信仰的人才能對別人守信，因為只有這樣的人才能確定將來的他和今天的他是相同的，也因此能確定他將來的感覺和行動能夠像現在所預期的一樣。對自己有信仰是我們有能力作出承諾的前提，又因為正如尼采所說的，人可以由他作承諾的能力來定義，所以信仰是人類生命的條件之一。與愛相關的是，我們應該要信任自己的愛：相信這愛有能力喚起他人心裡的愛，相信這愛的可靠性。

對一個人有信心的另一個涵義，是我們對他的潛能有信心。這種信心最初步的形式是母親對新生兒的信心：相信小孩會活下去，會成長，會走路，會說話。然而兒童在這方面的發展十分規則，因此對他的期望似乎用不著信心。但對那些不一定能實現出來的潛能，情形則另當別論。會去愛、會快樂、會使用理性和具備藝術稟賦等，都屬於這一類潛能。它們是一些種子，遇到適當條件會發芽生長，遇不到適當條件會窒息。

這些條件最重要之一，是小孩生命中最有影響力的人物，要對孩子的這些潛能有信心。這種信心的存在與否，決定了教育和擺布的不同。教育是幫助孩子實現他們的潛能。[6]教育的反面是擺布，它是出於對潛能的成長缺乏信心，認為應該由成年人把「可取」的想法灌入孩子心中，把「不可取」的想法壓抑掉，孩子才會變好。我們對機器人不必具有信心，因為機器人沒有生命。

對他人的信心以對人類的信心為頂峰。在西方世界，這種信心在猶太教—基督教得到宗教表達，又在過去一百五十年的人文主義政治觀念和社會觀念中，透過世俗語言獲得最強烈的表達。就像對孩子的信心一樣，它相信人類只要得到適當的條件發展潛能，就有能力建立一個尊崇平等、正義和愛的社會秩序。人類迄今沒有打造出這樣的秩序，所以想維持這樣的雄心需要信心。但就像所有理性的信仰一樣，這種信仰不是一廂情願，而是以人類的既有成就作為基礎，以每個人對理性和愛的體驗作為基礎。

非理性的信仰是一種對看似無邊無際的權力的屈服，是對自己力量的拋棄。理性的信仰卻是出於相反的體驗。我們會對一個思想有信心，是由於它是我們的觀察和思索的結果。我們對別人、對自己和對人類的潛能有信仰，是由於我們體驗到我們潛能的成長，是由於我們體驗到我們的理性和愛的強大力量。**理性的信仰奠基於創造性**：根據信仰而生活意味著以創造性的態度生活。因此，信仰權力（支配意義下的權力）和使用權力乃是信仰的反面。信仰現存的權力就等於不相信還沒有實現的潛能能夠成長。如此相當於僅憑現存的東西來展望人類的未來，然而這是嚴重的失算，是小看人類潛力和人類成長，因此是深深的非理性。對於權力，沒有理性的信仰可言。對權力只有兩種態度，一是向之屈從，一是（對擁有權力的人而言）渴望繼續保有權力。雖然在很多人眼中權力是最真實的東西，人類歷史卻證明了它在一切人類成就中是最不牢靠的。由於信仰和權力是互相排斥的，所有本來建築在理性信仰上的宗教和政治體系，一旦仰賴權力或與權力結盟都會受到污染，失去原有的力量。

有信仰的前提是有勇氣，有去冒險的能力，隨時準備好接受痛苦和失望。任何堅持生活的第一要務是安全穩定的人，不可能有信仰。任何人如果把自己關在一個防禦體系中，以保持距離和占有作為安全措施，都是把自己變成一個囚犯。要能夠愛和被愛需要勇氣：斷定某些價值無比重要的勇氣，把一切押注在這些價值上的勇氣。

這種勇氣和吹牛大王墨索里尼的口號「危險地活著」中所指的勇氣截然不同。那種勇氣是虛無的勇氣，根植於一種對生命的破壞性態度，根植於沒有能力愛生命而寧願把生命拋棄。絕望的勇氣和愛的勇氣是相互對立的，就像信仰權力和信仰生命是相互對立的。

有實踐信仰和勇氣的方法嗎？事實上，我們時時刻刻都可以實踐信仰。養育孩子需要信仰，入睡需要信仰，展開任何工作需要信仰。但我們全都習慣了擁有這一類信仰。凡沒有這種信仰的人都會過分擔心孩子、失眠或沒有能力進行任何種類的創造性工作。又或者他會多疑、拒絕和任何人接近、患上疑病症或是沒有能力制定長遠計畫。堅持自己對另一個人的判斷而不理會眾人意見，堅持自己的信念哪怕它們不受歡迎——這些堅持都需要信仰和勇氣。要能把生活中的種種困難、挫折與傷痛看作可讓我們得到強化的挑戰，而非不應該發生在我們身上的不公道懲罰，也是需要信仰和勇氣。

信仰和勇氣的實踐是從日常生活的小事開始。第一步是去注意我們在什麼時候和什麼地方會失去信心，要看穿我們用來合理化這種失去信心的情形的藉口，要認識我們在什麼場合行為懦弱，及再次要看穿我們用來合理化這種懦弱的藉口。我們要去認清，每一次失落信心是如何削弱我們，而進一步的削弱又是如何導致信心的再度失落，如此這般沒完沒了，形成一個惡性循環。然後我們還需要去認清，雖然我們在意識層面害怕的是不被人愛，但我們真正的恐懼（通常是無意識的）是去愛。去愛意謂得不到擔保地委身，是把自己完全給出去，希望我們的愛會在被愛者身上喚起愛。愛是一種信仰行為，信心少的人愛也少。對於信仰的實踐，還有更多可說的嗎？有人也許有。如果我是詩人或傳道人，我也許會嘗試再多說，但既然我兩者都不是，所以連嘗試也不會去嘗試。然而我確信，任何真正關心這問題的人都可以從小孩學習走路中學習到信心。

有一種態度是實踐愛的藝術所不可少：活動。前此我們只有隱含地談過這個問題，但由於它是實踐愛的根本，所以在這裡特別提出來討論。我前面說過，活動的意思並不是「去做某些事」，而是指內在的活動，是對一己能力的創造性使用。愛是一種活動，如果我在愛，我就會不斷地主動地關心我所愛的人（但還不限於關心他或她）。因為如果我懶惰，如果我不經常處於清醒、警覺和活動狀態，我就無法主動地和我所愛的人產生關聯。睡眠是唯一適合不活動狀態的場合，而當我醒著的時候，應該沒有讓懶惰存在的餘地。今日有極多的人落入一個弔詭處境，那就是他們在醒著時是半睡著，而當他們睡眠或想要睡眠時是半醒著。充分醒著是不感到厭煩或不惹人厭煩的條件，而不感到厭煩或不惹人厭煩又是愛的主要條件。一整天保持思想活躍，用眼睛和耳朵保持感覺活躍，避免內在的懶惰——不管是表現為接受（receptive）、囤積（boarding）或僅是平白浪費時光——乃是實踐愛的藝術不可或缺的條件。以為生活是可以分割開來，以為一個人可以在愛的領域採取創造性態度，而在其他領域採取非創造性態度，此乃一種錯覺。創造性不容許這一類勞動分工。愛的能力要求一種強烈的、清醒的、活力加倍的狀態，而這種狀態唯有在其他許多生活領域採取創造性和積極性取向方能獲得。如果一個人在其他領域不具有創造性，那他在愛的領域也不會具有創造性。

討論愛的藝術，不能侷限在個人怎樣獲得和發展本章所描述的那些特徵和態度上。它和社會領域也是不可分割地聯繫在一起。如果去愛意謂對所有人表現出愛的態度，如果愛是一種人格特徵，則它必然不僅存在於我們對家人和朋友的關係中，而是還存在於我們對工作、商務和職業中所接觸到的每個人的態度上。對自己人的愛和對陌生人的愛之間不存在「勞動分工」。相反的，前者的存在是以後者的存在為前提。把這個洞察認真看待就意味著，我們需要激烈改變我們已習以為常的那種社會關係。雖然我們常常聽到人們嘴上掛著「愛鄰人」的宗教理想，然而實際決定我們的關係的，充其量是公道的原則。公道意味著在商品和勞務的交換中，還有在感情的交換中，不使用作弊或欺詐手段。在愛和在物質商品中，「你給我多少我就給你多少」是資本主義社會的主要道德格言。我們甚至可以說，公道倫理的發展是資本主義社會特有的道德貢獻。

這是資本主義社會的本質使然。在前資本主義社會，交換是由直接的武力或傳統決定，又或是由人與人之間的愛或友誼的連結決定。在資本主義社會，市場上的交易原則是決定一切的因素。不論在商品市場、勞動市場或服務市場，每個人都是按照市場條件用他所賣的來換取他所需要的東西，既不用武力也不用欺詐。

公道倫理很容易和「黃金律」（Golden Rule）的倫理混淆。「你願別人如何待你，你便如何待別人」這句格言可以被解釋為「你和別人交換時要公道」，但事實上，它本來只是《聖經》上所說的「愛鄰人如己」的換一種說法（也是更流行的說法）。事實上，猶太教—基督教的兄弟愛理念和公道倫理完全不同。兄弟愛意指人應該愛鄰人，也就是說要覺得對鄰人有責任，要覺得和鄰人是一體，反觀公道倫理卻表示人不應該感覺對別人有責任，而是應該與他們保持距離。它表示要尊重鄰人的權利而不是去愛他們。「黃金律」會成為今日最流行的宗教格言並不奇怪。這是因為它可以用公道倫理的方式解釋，而公道倫理又是美國每個人都了解和願意尊重的。但要實踐愛，必先要清楚認識公道和愛的不同。

不過這種考慮會引起一個重要問題。如果我們整個社會和經濟組織，是建立在各人自尋利益上，如果這個結構是由自我中心原則所主導，僅僅受到公道原則的節制，那麼，人如何能在這樣的社會架構中生活的同時又實踐愛呢？難道後者不是暗示著人應該拋棄所有世俗關懷，過一種最貧困的生活嗎？這個問題曾被基督教僧侶、托爾斯泰、史懷哲和魏爾（Simone Weil）等人提出，並用一種激進的方式加以回答。還有其他人相信[7]，愛和我們社會中的世俗生活不能相容，又由此得出結論說，在今日談論愛就等於參與一場共同的詐欺。他們認為，在今天的世界裡，只有殉道者或瘋子才能夠愛，因此一切關於愛的討論都只是說教。這種道貌岸然的觀點，隨時準備好為玩世不恭的心態提供理據。事實上，當一般人說：「我很想當一個好基督徒，但真是如此的話，我就要挨餓了。」說的就是這個意思。這種「激進主義」導致道德上的虛無主義。「激進思想家」和一般人都是沒有愛的機器人，兩者的唯一區別只在於，後者對此不知不覺，而前者清楚知道自己不能愛，並認定這是一種「歷史必然性」。

我深信，愛與「正常」生活絕對不相容之說，只在抽象的意義上是對的。資本主義的基礎原則和愛的原則確是格格不入。但是，具體地看待現代社會，我們會發現它是一個複雜現象。例如，銷售無用商品的推銷員如果不說謊，就無法賺錢養家，但技術工人、化學家和醫生卻沒有這種困擾。類似的，農夫、工人、教師和各種各樣的實業家，都能在不停止獲取經濟效益的情況下實踐愛。即使我們確定資本主義的原則與愛的原則不能並存，仍然必須承認，「資本主義」自身是一個複雜和不斷變化的結構，允許大量不從眾狀態（non-conformity）和個人自由度的存在。

然而，我說這話並不意謂我們可以預期，如果現存的社會體系無止境地持續下去，愛兄弟的理想仍然能夠實現。在現存的社會體系中，能夠愛的人必然是少數中的少數。愛在當今西方社會必然是一種邊緣現象。這不是因為很多職業不容許一種愛的態度，而是因為根據我們這個以生產為中心和對商品貪婪的社會的精神，只有不從眾的人才能潔身自好，出污泥而不染。因而，那些真正認為愛是對人類生命難題唯一理性解答的人，必然會得出這樣的結論：如果愛要成為一種社會現象而非高度個人化的邊緣現象，就必須對我們的社會結構作出一番重要而激烈的變革。這種變革的方向在本書的範圍內只能稍作提示。[8]我們的社會是由一個經理層級系統所營運，是由一批職業政治家營運。人們是被大眾暗示[9]所推動，把生產更多和消費更多作為目的本身。所有活動都是從屬於經濟目標，手段變成了目的。人都變成了機器人：吃得好，穿得好，但已經沒有對人作為人的特質和功能的終極關懷。人要能夠去愛，他必須被安置在他最崇高的位置上。經濟機器必須是為他服務，而不是他為它服務。他必須能夠與人分享經驗，分享工作。而不只是分享利潤。社會必須以這樣的方式加以組織：在這樣的社會裡，人的社會天性和愛的天性不是與他的社會存在（social existence）分離，而是兩者合一。如果像我前面所說的，愛真的是對人類生命難題唯一明智和讓人滿意的解答，那麼，任何相對地打壓愛之發展的社會，長遠來說都必然因為抵觸人類基本天性而趨於毀滅。談論愛不是「說教」，因為愛是每個人終極和真實的需要。這種需要的被遮蔽並不意味著它不存在。分析愛的本性正是要去發現愛在今天的普遍匱乏，是要批判應對此負責的社會條件。相信愛可以成為一種社會現象而不只是例外的個別現象，是一個理性的信仰，其基礎是對人類本性的洞察。

【註釋】

1. 譯註：指第二次世界大戰。
2. 譯註：指「殺」時間。
3. 讀者若想更加了解專注、紀律、耐心和無上關懷對學習任何藝術的必要性，我建他們一讀*Zen in the Art of Archery*, by E. Herrigel, Pantheon Books, Inc., New York, 1953.
4. 東方文化（特別是印度文化）早有大量這方面的理論和練習。近些年西方人也開始追尋相同的目標，而依我之見，其中最重要的是金德勒（Elsa Gindler）的學派，其目標是感覺一己的身體。想了解金德勒的方法，可參考Charlotte Selver的作品，以及她在紐約神學院所開的課程和演講。
5. 譯註：以下依照前後文的不同或譯為「信心」。
6. 教育一詞的字根是*e-ducere*，意指把某種潛在的東西引領出來或呈現出來。
7. Cf. Herbert Marcuse's article "The Social Implications of Psychoanalytic Revisionism," *Dissent*, New York, summer, 1955.
8. 我在《健全的社會》中對這問題有更詳細的討論：E. Fromm, *The Sane Society*, Rinehart & Company, New York, 1955.
9. 譯註：Mass suggestion，指廣告等手段。

附錄

｜關於作者｜

認識佛洛姆

｜關於本書｜

佛洛姆生命中的愛

｜延伸閱讀｜

佛洛姆的自傳性資料

一關於作者一

認識佛洛姆

很難把佛洛姆的顯赫事業簡單歸類，因為他是一位興趣極為廣泛又採多學科研究角度的知識分子和作者。如果說他的作品有什麼一以貫之的特徵，那就是它們充滿人文主義精神，誠懇地設法在我們這個疏離的時代中找出生命的意義。多拉德（John Dollard）在《紐約前鋒論壇報》主張，佛洛姆「同時是社會學家、哲學家、歷史學家、精神分析家、經濟學家和人類學家，而且我們會忍不住認為，他還是人類生命的鍾愛者、詩人和先知」。

佛洛姆誕生於一個新世紀的伊始，一九〇〇年三月二十三日，德國的法蘭克福。他的祖父和曾祖父都是猶太拉比，有一位舅公是知名《塔木德》學者。雖然他

在海德堡求學時期的佛洛姆（Rainer Funk 提供）

父親納福特里（Naphtali）是個商人，全家人始終是虔誠的正統派猶太教徒。不過佛洛姆在二十六歲時拋棄猶太教。他後來解釋：「我放棄我的宗教信仰和實踐，是因為我不想參與任何對人類的劃分，不管那是宗教上還是政治上的劃分。」儘管如此，他兒時所受的猶太教經典教育仍然深深銘刻在他的心中，對他日後的理論和作品明顯有著頗大的形塑作用。

佛洛姆在法蘭克福和慕尼黑的大學求學過，一九二二年從海德堡大學取得博士學位。他接著到柏林的精神分析研究所進修，與諸如薩克斯（Hanns Sachs）和芮克（Theodor Reik）等知名的佛洛伊德主義者一起接受訓練。與很多早期的精神分析家不同，佛洛姆沒有受過醫學訓練。這可能是他會對精神分析採取一種折衷和較創新方法的原因之一。

他在一九三四年離開納粹德國，遷往美國，後來成為美國公民。他曾在多家大學和學院任教，包括了本寧頓學院（Bennington College）、哥倫比亞大學、耶魯大學、社會研究新學院（New School for Social Research）、密西根州立大學、紐約大學和墨西哥國立自治大學。他是華盛頓精神病學學院的院士，又是威廉・阿蘭

佛洛姆與他的父親（Rainer Funk 提供）

森・懷特精神病學、精神分析和心理學研究所（William Alanson White Institute of Psychiatry, Psychoanalysis & Psychology）的創建者之一。

作為二十世紀心理學的一股重要力量，佛洛姆設法建構一個比佛洛伊德理論更能對治當代生活疑難雜症的系統。他相信，比起天生的驅力，社會和經濟因素對人類行為的影響重要得多。佛洛姆的作品思路嚴密，但受過高等教育的一般讀者也能讀懂，這讓他二十本著作中有好些都大為暢銷。《逃避自由》主張現代人因為害怕自由而逃入極權主義、從眾行為或破壞性行為。與佛洛伊德不同，佛洛姆認為精神官能症是一個充滿壓抑性的社會所造成。「破壞性是未被生活過的生活的結果。」他寫道。人類學家米德（Margaret Mead）讚揚這本書，說它「彌合了經濟學和心理學的隔閡，顯示出任何只訴諸人的維生方式或人的人性的理論是不充分的」。

兩場世界大戰的破壞性讓佛洛姆深受震撼。他日後寫道：「當大戰在一九一八年結束，我是個充滿困惑的年輕人，一心思考著怎麼會發生戰爭，一心想理解人類大眾行為的非理性，一心渴望追求和平，以及國與國之間的相互理解。」他譴責一九五〇年代和一九六〇年代的軍備競賽，認為那是神智錯亂的表現。他在一九五五年出版的《健全的社會》中主張，每個人在面對科技宰制的時候，都必須發展出高倫理標準。他寫道：「未來的危險在於人也許會變成機器人。但基於人的本性，人不能以機器人的身分活著卻還能維持神智健全……他們將會摧毀他們的世界和自己，因為他們無法繼續忍受任何無意義生活的無聊乏味。」這本書廣受推許。法蘭克（Waldo Frank）在《國家報》（*The Nation*）上說：「在這本書中，他公開成為——也許還可以說是熱情地成為——社會批評家。」一九五七年，佛洛姆協助成立了「健全核子政策委員會」（National Committee for a Sane Nuclear Policy，簡稱SANE）。這名稱是來自《健全的社會》。

一九五六年，佛洛姆出版了《愛的藝術》。這書將成為他最著名和最歷久不衰的作品。書中他說愛「是對人類生命難題唯一明智和讓人滿意的解答」。佛洛姆這裡所指的愛是多方多面的愛，不只是羅曼蒂克的愛。「愛主要不是一種和某個特定的人的關係。它是一種態度，一種性格的取向，這種態度或取向決定了一個人和作為一個整體的世界的聯繫性，而不是指向某個愛的『對象』。」《愛的藝術》所揭櫫的自愛和自私的分別，被認為是佛洛姆對心理學研究最重要的貢獻之一。

《愛的藝術》極為暢銷，其質疑式的洞察備受評論者的讚揚。《芝加哥論壇報》稱「佛洛姆同時是銳利的心理學家和寫作能力高超的作家。他的書富於尊嚴和坦誠，富於實用性和精準」。安妮・費雪（Anne Fisher）一九九八年在《財星》雜誌再次讚揚這本書，說它「篇幅非常短小，不到一百頁，但每行文字都充滿著常識、感情和現實感」。佛洛姆在很多方面都是一位先驅性作家，他把新的洞察和古老智慧結合在一起的做法在後來幾十年蔚為時尚。當大學校園在一九六〇年代熱烈擁抱反文化（counterculture）時，《愛的藝術》再一次大熱賣。出版至今，這書被翻譯成三十四國文字，單是美國版就賣了五百多萬冊。

佛洛姆的其他重要著作包括一九五九年的《佛洛伊德的使命：對其人格與影響之分析》（*Sigmund Freud's Mission: An Analysis of His Personality and Influence*）、一九五一年的《被忘記的語言：理解夢境、童話和神話的導論》（*The Forgotten Language: An Introduction to the Understanding of Dreams, Fairy Tales, and Myths*），以及一九六六年的《你應有如神明：對舊約及其傳統的一個激進詮釋》（*You Shall Be as Gods: A Radical Interpretation of the Old Testament and Its Tradition*）。

佛洛姆雖然因他的折衷主義受到一些批評，他大部分同仁對於他的作品的深度和廣度都感到吃驚。《紐約時報》的訃文引用威廉．阿蘭森．懷特研究所所長威滕伯格博士（Dr. Earl G. Wittenberg）的話指出，「同時就他的為人與觀念而言，佛洛姆是一個巨人。」曾啟發佛洛姆創作多部作品的哥倫比亞大學教授安申（Ruth Nanda Anshen）則說：「他知道我們是被丟入這個冷漠的宇宙，也知道生命確實就像上帝對約伯所說的那樣，是我們無可如何的，但他不認為我們只能跛足順從，默不作聲。」

在人生最後幾十年，佛洛姆先住在墨西哥的庫埃納瓦卡（Cuernavaca），之後在一九七四年遷至瑞士的穆拉爾托（Muralto）。他於一九八〇年三月十八日在家中過世，其時距離他的八十歲誕辰只差五天。佛洛姆有過三段婚姻。他的第一任妻子弗麗塔．賴克曼是醫生兼精神分析家，兩人在海德堡開了一間小診所，一起工作。弗麗塔以她對精神分裂症的開創性貢獻而知名。

一九七二年，豪斯多夫（Don Hausdorff）在他的《佛洛姆》一書總結了這位作者的重要性：「就像我們時代的任何人一樣，他試圖直面我們在道德和思想的

佛洛姆的第一任妻子弗麗塔·賴克曼（Rainer Funk 提供）

兩難，想方設法了解看來鐵了心要摧毀自己的人類。佛洛姆的作品總是拒絕向在二十世紀蔚為時髦的焦慮（angst）屈服，總是採取一種同時可為學者和受過高等教育的門外漢所了解的風格。正如塞克斯（Gerald Sykes）在《隱藏的遺跡》（*The Hidden Remnant*）中所說的，佛洛姆是其中一位『確實協助民主制度變得可行的人』。」

—關於本書—

佛洛姆生命中的愛

一九五六年當佛洛姆出版《愛的藝術》時，他是第一個認為「愛」和「愛的能力」是值得談的學者。愛的話題曾經出現在宗教中（如聖經中的〈雅歌〉），出現在哲學中（如奧維德的《愛的藝術》），也曾出現在文學中（如浪漫派小說家的作品）。佛洛姆的《愛的藝術》則是在心理學界引起一場大討論，導致人們對愛這一主題作出大量研究和無數建言，產生出多不勝數的出版品。

一本書能引起一場廣泛的討論，這並非什麼新鮮事，但書比作者活得更長久的情況卻並不多見，而《愛的藝術》就是這樣的一個例外。在佛洛姆逝世二十五年後的今天，他的這本著作已經被翻譯成三十四種語言，賣出幾千萬冊。直至今天，對許多人來說，特別是對比較年輕的讀者來說，讀到這本書仍如獲至寶。也有不少人是在多年後把它從書架上拿下來重讀。

不能只把《愛的藝術》的成功歸因於書中的內容。很多這些內容反映著作者本人，反映著作者自己的愛的藝術。因為深受《愛的藝術》的吸引，有些讀者會問：佛洛姆自己是如何去愛的？他是否有活出他在書中所教的概念？這是本篇「後記」的主要關注。

首先我要介紹的是，當老年的佛洛姆在和我或其他人交談時，會給對方留下什麼樣的印象。最深刻的印象是他對交談對象流露的興趣。這不僅表現在他充滿溫暖、目不轉睛的目光（這目光有時似乎還有點過於強烈）。最讓人驚訝的還是他表達這一興趣的方式。

七〇年代當我在瑞士羅加諾（Locarno）當佛洛姆的助手時（他自一九七三年至一九八〇年逝世一直住在羅加諾），他常常對我提出一些非常簡單又私人的問題，它們一點一點地挖入我的深處。例如，他會問我正在讀什麼書，是什麼原因讓我讀這本書，以及書中有什麼內容吸引我，有什麼內容不吸引我。如果我說我剛讀完的書沒有意思甚至無聊的話，他就很想知道，我為什麼要去讀這種不重要的書來浪費我的時間。他還想知道什麼事物對我來說是重要的，什麼事物吸引我，以及我最喜歡做什麼來度過我的時光。

事實上，佛洛姆只會問那些我本應該問自己卻沒有問的問題。我之所以沒有問自己這些問題，是因為不想顯得思想貧乏或因為它們會讓我感到難為情。這些問題在一定的情況下可能會迫使我面對一些事實，從而讓我必須改變我的生活。他還問過我諸如「為什麼這會讓我受傷」之類的問題。這些問題當然不可能有答案，但作為問題是必須提出的，而且還必須去承受。可以說，佛洛姆提的問題都是我逃避、壓抑和忽視的。

和佛洛姆交談的特點是直接和親近，而它們之所以會產生這樣的效果，是因為他把他的注意力和對交談對象的興趣傳遞給了對方，並提出一些作為他的代表的問題。他提出的問題有時非常尖銳，足以惹人生氣。他也會對你提出的辯解和藉口反覆詰問。

被他提問的人不會把他的問題看作是有傷害性的，這是與他交談的另一個特點。也許面對他的問題，被問的人會感到自己徹底暴露了，但永遠不會感到毫無保護、被評斷或不愉快。不論他的目光和他的問題是如何尖銳，它們總是良性的。它們是出自對「了解」的渴望，正如他在《愛的藝術》中所說：「我們不可能在不真正了解一個人的情況下尊重對方。」只有能夠問自己與上述同類的問題，這樣的了解才可能發生。

佛洛姆經由他的提問表現他對交談者的興趣，這一興趣也說明了他會對自己提出什麼問題，以及在經過充滿痛苦的體驗和艱難的學習過程之後，他對這些問題會有的回答。當他提出那些能夠揭露真相的問題，那些能夠深入事情核心的問題時，他完全知道自己在說什麼和寫什麼。因為只有透過向自己提出問題和追究真相，才可望了解他人。

當人們面對提問和被追究真相時，儘管會覺得受到了挑釁和被擊中要害，但如果感到提問者是為了追求了解，便不會有受譴責和羞慚之感。相反的，這些問題會成為他們自己的問題，同時也會感到自己受到他人理解。這也是許多《愛的藝術》的讀者在閱讀這本書時的感受，是佛洛姆的治療方式和愛的能力的又一特點。

《愛的藝術》作者的愛的能力不是與生俱來。相反的，一直到他的生命中期，他在書中所寫的一段話也適用於他自己：「幾乎沒有什麼活動或事業像愛那樣，帶著那麼巨大的希望與期許展開，卻又那麼固定地以失敗告終。」

人的愛的能力為什麼會受到限制或註定失敗，原因不一而足。對所有人來說，特別重要的原因是父母給予的愛的方式，因為這一方式會促進或有損自己的愛的能力。現在讓我們來看看佛洛姆父母愛他的方式，這一方式深深影響了他的兒童時期和青少年時期。

佛洛姆一九〇〇年生於法蘭克福，是家中獨子。他的父親納福特里在兒子出生時已三十歲。他是葡萄酒商人，不像他的一長串祖先那樣，是猶太教神學家。生性焦慮和熱中於小家庭生活，納福特里因自己的職業而有自卑感。他把所有希望都寄託在兒子身上，希望兒子有一天會繼承《塔木德》學者的祖傳家業。他對佛洛姆的愛混雜著柔情（在一些照片上可看到十二、三歲的佛洛姆坐在父親大腿上）、焦慮的關懷（父親在冬天經常因為擔心他會受寒而不允許他外出），與一種非常矛盾的理想化（ambivalent idealization）。當才華出眾的佛洛姆在二十二歲通過海德堡大學的博士學位考試時，他父親仍然相信，兒子會無法通過考試，然後自殺！

佛洛姆的母親在兒子誕生時二十四歲。她來自一個虔誠猶太人家庭，在家裡被認為是個快活並樂於與他人交往的女孩。與佛洛姆焦慮的父親不同的是，她為人果斷，是家中的決策者。她完全是為她的獨子而活。有兩張照片可以透露這位母親愛兒子的方式。一張照片是母子二人在一座公園的湖畔留影。照片中，母親用右手抓緊大約十歲的男孩的肩，把他緊緊摟在懷裡，同時又以勝利者的姿態把左手插在腰上。從照片上可以看出她的母愛是占有性的，而兒子因為是獨子的緣故，想要擺脫她的箝制很不容易。

另外一幅照片顯示母親高度欣賞兒子。照片中的佛洛姆十七歲，身高和父親一樣高。他與父親一樣，手上握著一根散步枴杖和一頂帽子，這是當時布爾喬亞紳士的標記。父親看著鏡頭，兒子的目光則是朝向遠處，母親站在父子倆中間。她右手挽著兒子手肘，以充滿期待和欣賞的目光盯著兒子的臉。正如佛洛姆後來承認的那樣，他的母親希望他成為一名偉大的藝術家和學者，成為第二個帕德雷夫斯基（Paderewski）。帕德雷夫斯基是著名作曲家、鋼琴家和政治家，一九一九年曾短暫擔任波蘭總理。

這麼強烈的理想化（idealization）讓佛洛姆產生一種巨大的自尊自重和強烈的自我意識。佛洛姆在三十和四十歲時表現的自尊自重（有人會說是傲慢），很大部分可歸咎於她母親的**自戀式母愛**。當然，一個人不可能不付出任何代價而繼承自重的感覺。這種感覺是和四周讚賞的目光綁在一起，不是一種獨立的、不取決於他人的自我價值體驗。事實上，佛洛姆用了很長時間，作了很大努力，力圖擺脫這一種把他理想化的占有性母愛。

雖然一個年輕人的愛的能力一般來說是受到父母愛的方式的影響，但決定愛的能力的發展的，不僅僅是父母。追求獨立自主的奮鬥，以及自己的愛的活動，也會影響人從一生下來的整個心理發展。當一個人已經成熟，這一奮鬥表現在尋找異性伴侶過程，而這個異性伴侶會讓愛的體驗成為可能。尋找新的和不同的愛的體驗也會導致出現與父母關係類似的模式，當然，這完全取決於父母的愛妨礙自己發展的程度有多深。

人往往必須經驗一連串失敗的愛情關係，才能夠不再下意識地在自己的伴侶身上尋找父母之愛。一般來說，這種遲來的對父母之愛的擺脫過程，是和痛苦的放棄與失喪的經驗聯繫在一起。儘管切斷與父母的連結會帶來巨大的失望和痛苦，但最重要的是，希望自己能夠去愛的願望繼續存在。因為，正如佛洛姆所說的：「選擇透過愛去解決問題需要有承受挫折的勇氣，要能夠在挫敗中保持耐性。」

儘管佛洛姆有過失敗的關係，但這樣一種不屈不撓地希望能夠擁有愛的能力的願望，一直持續到他生命的中期。佛洛姆比較容易地克服了限制他愛的能力的父愛。他年輕時就在法蘭克福伯爾內廣場邊的猶太會堂的諾貝爾拉比（Rabbi Nehemia Nobel）身上找到另一個父親，一個富於宗教修養但不是那麼充滿焦慮的父親。諾貝爾周圍有一群年輕人，佛洛姆兒時好友西蒙（Ernst Simon）也屬於這個小圈子。事實上，佛洛姆想要成為猶太教神學家，投入對《塔木德》的鑽研。但如果這樣，他便必須前往已改屬波蘭的波森（Posen）學習。但他不希望離父母這麼遠，所以，他起初在出生地法蘭克福學習法律。

但在兩個學期後，到了一九一九年夏天，他邁出了勇敢的一步：離開法蘭克福前往附近的海德堡大學，跟隨阿爾弗雷德．韋伯學習社會學。佛洛姆也在大學裡物色一名可追隨的宗教老師，因為諾貝爾已經在一九二一年逝世。他找到了一個名叫拉賓克（Salman Baruch Rabinkow）的《塔木德》學者，這位猶太神學家不僅受到哈巴德─哈西迪派（Habad-Hassidim）的影響，也受到社會主義和啟蒙運動人道主義的觀念所影響。他在海德堡當了好些俄國流亡人士的私人教師。有近五年，佛洛姆私下追隨拉賓克學習，也為他處理一些祕書事務。佛洛姆後來對拉賓克的評價非常高，給他的讚賞超過任何其他人。雖然說起來有點奇怪，但正是這位猶太神學家的《塔木德》課程幫助佛洛姆擺脫了父親的宗教。

當然，為了擺脫內心的父親形象，佛洛姆還需要其他人和其他經驗。這首先是指佛洛姆發現了佛洛伊德的精神分析。精神分析激發了佛洛姆追求自由的強烈動力，從而使他能在一九二六年經歷他的「墮落」：他違反猶太人的飲食規定，在逾越節（相當於猶太人的復活節）吃了豬肉。他透過拋棄父親的宗教，拒絕了他父親緊張兮兮的愛。格里姆（George Grimm）關於佛教的書籍幫助他放棄對人格化上帝的信念，轉而投入佛教和批判宗教。

脫離壓抑性父愛對佛洛姆的創造力和愛的能力產生豐碩的影響，使他在後來的歲月能自由地進行社會—心理分析。

他探討潛意識的社會向度，認識到人是在何等程度上通過經濟活動和社會生活的要求形成自己的心理。他比阿多諾（Adorno）早上許多（也就是在三〇年代初）發展出一種有關獨裁性格的理論。此時，他也能夠批評佛洛伊德的本能理論是一種生物學思維和父權思維的產物，並提出自己的觀點，指出人是一種關係性生物，從一出生就具有愛的能力。

沒有一九二八至一九三七年間這些理論上的新方案，難以想像佛洛姆後來的論題和著作，包括了他對自由、愛、侵略性、破壞性的理解；與有關心理生產力和心靈健康的文章；更重要的是，他對由社會所造成的性格特徵的描述與分析。

佛洛姆擺脫崇拜他的母愛的過程持續了很久，很多方面也痛苦許多。一九二二年在把愛人讓給兒時好友羅文塔爾（Leo Löwenthal）之後，他認識了弗麗塔・賴克曼。弗麗塔是精神科醫生，比他年長十一歲，當時正在受訓，要成為精神分析師。在一九二四至一九二八年間，兩人在海德堡開了一家精神治療小診所。他們有一個構想：所有到門希霍夫大街十五號的小診所作客的人，都要透過接受弗麗塔的精神治療，擺脫性壓抑。包括佛洛姆本人，所有人都經驗了精神分析。在這個過程中，佛洛姆愛上了他的精神分析師（這是治療過程中的一種移情之愛），兩人在一九二六年成婚。但這一樁婚姻到一九二八年就走到了盡頭，儘管佛洛姆自己不願意承認這一點。他下不了決心與弗麗塔分手，只能找理由搬出去住。一九二八年起，他為了當精神分析學家而在柏林受訓。一九三〇年，他在柏林開了一間精神分析診所，也開始在法蘭克福的「社會研究所」（Institute for Social Research）工作。

一九三一年，佛洛姆得了肺結核，必須在瑞士達佛斯（Davos）的一所療養院接受對外隔絕的治療。弗麗塔和佛洛姆的共同朋友、來自巴登巴登（Baden-Baden）的精神分析家果代克（George Groddeck）建議他離開弗麗塔，認為他會得肺結核，正表明他有著離開弗麗塔的下意識願望。這一看法是否正確當然可以商榷，但果代克的建議至少表明，旁觀者看出佛洛姆有必要和弗麗塔離婚。

實際上，疾病本身就把佛洛姆和弗麗塔分開了。一九三四年四月，當他的身體已經恢復到能夠旅行時，他移民美國，因為回到納粹德國將會是危險的：作為法蘭克福「社會研究所」的一員，他回去將會遭受迫害。在美國，他和比他年長十五歲的霍妮（Karen Horney）有過一段情。這一關係雖然從來沒有走向婚姻，但遠超出他們共同的專業興趣範圍。每逢佛洛姆離開紐約到別的地方去，霍妮總是陪著他。兩人都代表著對精神分析的修正性理解。不過霍妮非常好勝，所以他們的關係沒有完全擺脫競爭關係。

佛洛姆和霍妮的情愛關係一直維持至一九四一年，然後以一場激烈的爭吵宣布結束，從而導致他們共同創建的精神分析組織分裂。隨著《逃避自由》的出版，佛洛姆不僅成為備受肯定的學者，也成為搶手的作者和演講者。那些年間，他除了在紐約的診療所工作，在哥倫比亞大學和社會研究新學院教學，還在佛蒙特州的本寧頓學院任教。

和霍妮分手一段時間後，佛洛姆認識了與他同歲的赫妮．格蘭德（Henny Gurland）。赫妮曾和本雅明（Walter Benjamin）一起逃離納粹入侵的法國，而本雅明在兩人逃到西班牙邊境之後自殺身亡。一九四四年，佛洛姆與這位出生在德國的專業報刊攝影師結婚。看起來，佛洛姆最終找到了自己生命中的女性。一九四七年，兩人在佛蒙特州的本寧頓蓋了自己的房子。兩人也養了一隻狗。他們剛剛搬進新居不久，赫妮就染上一種奇怪的疾病，臥床不起。一開始醫生懷疑她是鉛中毒，然後又確診為是一種極其疼痛的關節炎。為了照顧赫妮，佛洛姆取消了一切工作安排。

出於對赫妮的愛，佛洛姆在一九五〇年帶她搬到墨西哥。那裡的氣候據說能減輕她的疼痛。佛洛姆在墨西哥城開始新的生活。一九五一年，他開始培訓一批醫生成為精神分析家，並成為墨西哥大學終身職教授。但赫妮的病讓他無法接受美國的教學和演講邀約：他不能帶著她一起去，又不願意讓她一個人留下。他為她做了一切，以她為中心組織自己的生活，把照顧她放在最高優先。儘管如此，她的痛苦並沒有絲毫減少。她的情況變得越來越嚴重。一九五二年六月，他發現赫妮死在浴室裡。

佛洛姆為了找到愛所做的努力走入死胡同。他只感到失敗、無助和被遺棄。那些到他那裡接受培訓的精神分析師雖然不知道發生了什麼事，但他們說佛洛姆幾個月來出現了根本的改變。擺脫以崇拜自己的母愛為取向的自我形象，是一條充滿痛苦和艱難的道路。赫妮的死迫使他接受自己的侷限性，接受自己的失敗。

幾個月後，佛洛姆重獲展開一段新關係的勇氣。安妮斯．弗里曼（Annis Freeman）是美國人，出生在阿拉巴馬州，曾痛失三個丈夫。她和最後一任丈夫住在印度，丈夫死後回到美國。這個女人和佛洛姆交往過的女人都不同。她非常有魅力，性感，沒有事業上的野心，但與佛洛姆屬於同一個社會背景，是個能平起平坐的談話夥伴。佛洛姆愛上了她，在一九五三年十二月與她結婚。她隨同他搬到墨西哥。按照她的計畫，他們在庫埃納瓦卡（Cuernavaca）蓋了一棟房子，從一九五六年生活至一九七三年。她常常陪佛洛姆到美國長住一個月，並支持他對美國政治的關心，支持他鼓吹裁軍與和平運動。

《愛的藝術》出版於一九五六年。佛洛姆是在在一九五五年底和一九五六年初開始寫這本書，當時他剛寫完《健全的社會》。佛洛姆在《愛的藝術》所提的很多觀念也可在他較早期的著作中找到。但這本書讓很多人留下特殊印象。佛洛姆是藉由下意識地告別赫妮和戀上安妮斯，才找到愛的能力，這種能力讓他第一次完全擺脫幼稚的連結。只有到這個時候，他的愛的能力的實踐才能和愛的理論保持一致。也只有在這個時候，他書中的一段話也能用在他的身上：「在愛中，兩個人是

佛洛姆與妻子安妮斯（Rainer Funk 提供）

從他們生命的本質去體驗自己，是透過與自己合一而不是逃離自己去和對方合一。與此相較，他們是和諧還是衝突，是喜樂還是憂愁，都是次要的。」

佛洛姆在《愛的藝術》中詳細地介紹了他的愛的理論。但在他和安妮斯共同生活的二十七年中進一步繼續這理論。自佛洛姆在三〇年代拋棄佛洛伊德的本能理論之後，他便認定人的核心問題不是滿足自己的本能要求，而是在人和現實的關係。

在心理學的角度看，一個人的成功繫於他與其他人、自己，以及周圍環境建立關係的方式。早在有人開始研究大腦和嬰兒之前，有一件事實便已確立：人在出生那一刻起就能以積極的方式與周圍的環境建立關係。但在這更早之前，佛洛姆便指出，人有一種原生傾向（primary tendency）或潛能（此處他沒有提佛洛伊德的原生自戀理論），那就是人可以透過積極建立關係來形塑自己的存在，讓自己的存在獲得越來越大的獨立性，這種獨立性可以擺脫不是來自自我，也就是外在於自我的「力量」（人、關係圈和虛假形象）。他把這種建立關係的藝術稱為創造性，因為它是發自人的自發性活動。當這種原生傾向在一個人的生命中變成一種不間斷的創造性取向，那麼這個人就能獨立自主，能夠用自己的力量去處理事情：去思考，去愛，去感覺，去想像。

早期的「最重要人物」（例如祖母）的創造性的愛最能夠澆灌朝創造性的愛發展的原生傾向，但一個年長者的自私、焦慮、占有性、貶低性或使人依賴的愛則會妨礙原生傾向的發展，甚至造成相反的結果。因此，佛洛姆把「最重要人物」的愛的方式視為行動中的社會關係模式。在他看來，父母同時是特定社會維持運作所賴以需要的代表和社會推手。

對一個人的愛的能力會受到什麼樣的阻礙，佛洛姆有深切的痛苦經驗。但這種損害從未深至讓愛的原生傾向完全朝相反方向發展，也就是從未發展至主要是以破壞方式建立關係的程度。儘管他的許多親戚在希特勒的集中營裡死於非命，但這一事實沒有讓他懷疑人有朝創造性的愛發展的原生傾向。他堅定的相信，只有在朝創造性的愛發展的傾向和常識受到強有力壓制，破壞性和毀滅願望才能作為次生傾向發展出來。

在《愛的藝術》出版後，佛洛姆的愛的理論受到兩件事件考驗。他的妻子安妮斯在五〇年代得了乳癌。她接受手術，從此控制飲食。儘管她的癌症二十年沒有復發，但對佛洛姆來說，這疾病仍然像個生命的敵人那樣從後面向他偷襲。他和安妮斯攜手抗擊這個敵人，陪她一起嚴格控制飲食——事實證明，這種飲食法也對他的外貌和健康都極有裨益。

第二個重大挑戰是冷戰日趨激烈。《愛的藝術》的內容所沒有披露的是，佛洛姆自年輕時期便一直是個在政治方面極其敏感和積極的人。任何政治和社會大事都會讓他感到憂戚相關。他一方面是個善傾聽的治療師，另一方面又迫切感覺有需要以精神分析家的身分介入政治。他主要是在美國從事這方面的工作。他就外交政策、冷戰和核子軍備競賽的問題撰寫分析文章，與參議員進行私人接觸，參與總統候選人的競選活動，參加反越戰的遊行，並成為美蘇之間緩和政策（politics of détente）的代言人。

核子軍備競賽特別讓人對人類具有愛的原生能力這一點產生懷疑。核子戰爭的可能性在六〇年代初期隨著古巴危機成為現實威脅。從佛洛姆在一九六二年九月二十九日寫給烏庫霍特（Clara Urquhart）的信可以看出，這一威脅是如何折磨著他。「前幾天的某一晚，我寫了一篇類似呼籲的文章，主題是愛生命。它發自一種絕望的心緒，這種心緒讓我覺得我們幾乎沒有任何機會能避開核子戰爭。然後我突然領悟到，人們面對戰爭危險的態度之所以那麼消極，在於大多數人都不愛生命。所以，我想，懇請他們愛生命會比懇請他們愛和平或害怕戰爭更有用。」

佛洛姆感到絕望，因為大多數人已經不再抵抗核戰爭的威脅。他把這種消極性解釋為對生命的愛的封閉，是一種下意識地贊同一種破壞性的、消滅生命的動力（這種動力在一些自殺者身上可以看到）。萬一越來越多人不再熱愛生命怎麼辦？萬一發展出愛的能力的原生傾向受到窒息怎麼辦？身為德國猶太人，佛洛姆深知這種情況是可能發生的。他本人逃脫了納粹的殺人機器，但沒有人可以在大國的核戰爭中脫身。核武器的擴散就像腫瘤的轉移，會摧毀人類的「生存空間」（Lebensraum）。

佛洛姆必須作出反應。他以各種方式來表明自己的態度。他透過寫信、寫政治小冊子、發表公開文章和演講，以及透過和參議員進行個人接觸，讓人們了解他的想法。他指出，集體失去對生命的愛的危險是存在的，而且一種普遍的破壞慾也正在增加。他譴責那些相信值得冒著核戰爭的危險和值得犧牲兩千萬美國人生命的政治人物和知識分子。

一方面，佛洛姆認為研究人的愛的能力非常重要；但另一方面，他認為人類想要生存下去，更為重要的是認識到一種破壞性的心理動力，其唯一目標是全面性的破壞。所以，他從六〇年代初開始研究人類的破壞性衝動。他區分不同種類的侵略性和破壞性，指出最危險的是戀屍癖：一種對無生命和死亡的事物的愛戀。因為只有這種類型的破壞性把破壞視為目的本身。有超過十年時間，《愛的藝術》的作者強力探索愛的能力的受挫可能性，以及愛被顛倒為破壞性的可能性。他先是在一九六四年出版的《人的靈魂》（*The Heart of Man*）一書中素描了戀屍癖，然後把他的全面調查結果寫入一九七三年出版的《人類的破壞性解析》（*The Anatonomy of Human Destructiveness*）。

最終，佛洛姆設法（就像他在給烏庫霍特的信中所顯示的那樣）透過「愛生」（biophilia）的獨特能力——即愛生命和被活生生的事物吸引的能力——確立人的愛的能力。他對所有活生生的事物進行探討，由此認識到所有活生生的事物除了有著「保存生命的傾向」，還具有「一種整合和統合的傾向」。「整合和統合的成長是所有生命過程的特點，不僅見於細胞，也見於感受和思維。」

一九六七年，他在《麥卡爾斯》（*McCalls*）雜誌上發表了〈我們仍然愛生命嗎？〉（Do We Still Love Life?）一文。文中，佛洛姆寫道：「如果生命依照其本質是一個成長和整合的過程，如果它無法透過控制或強力的手段而被愛的話，那麼對生命的愛便是各種形式的愛的核心。那是在一個人、一頭動物、一朵花之中愛生命。對生命的愛絕不是抽象的事物，反而是各種形式的愛的最具體核心。那些相信自己愛另一個人但不愛生命的人，他們也許是想要另一個人，也許是死抓住另一個人，但不會是愛他。

「如果有人說有一個人『確實愛生命』，大多數人會精確理解這話是什麼意思。我們是指一個人愛一切成長和活生生的事物，他會被一個成長中的孩子、一個成長中的成年人、一個成長中的觀念和一個成長中的組織所吸引。對這樣一個人來說，哪怕不是活生生的事物，如石頭或水，也會變成活生生的。所有活生生的事物會吸引他，不是因為這些事物巨大且強而有力，而是因為這些事物是活生生的。」

人類愛的能力的新基礎引發其他愛的理論（主要是生物學取向）修正其範圍。活生生的世界對大多數這些理論來說「只是作為滿足身體要求的工具」。但人首先的要求是「表達他對世界的能力」。對活生生事物的愛表現在人的身上就是人「追求一種他可以與之建立關係的物體，並能與之合一的物體」。這也是以下《愛的藝術》中的一段話的基礎：「不成熟的愛說：『因為我需要你，所以我愛你。』成熟的愛說：『因為我愛你，所以我需要你。』」

為了說明最後一句話，佛洛姆引用了馬克思一段話，又這樣說：「因為我有眼睛，所以我有看的需求；因為我有耳朵，我有聽的需求；因為我有大腦，我有思考的需求；因為我有心，我有感覺的需求。簡而言之，因為我是一個人，所以我需要人和世界。」

人的愛的能力根源於「愛生」，也就是根源於我們會被有生命的事物吸引的性向。這一認識對佛洛姆自身的愛的實踐不是沒有影響的。關鍵的問題在於，人要怎麼樣才能感覺到這種原始的愛的需求，並把它表達出來？要發現我們經常被掩埋和壓抑的愛的需求，一條決定性通道是感知一己的內在障礙。

追求認識自我和分析自我，追求探入潛意識的領域（這不僅展現在夢中，也展現在一個人性格的怪異處），在佛洛姆日常生活中的分量變得越來越重。他每天要花將近一小時分析自己的夢、沉思冥想和做運動。在這方面，鈴木大拙的坐禪法對他有所幫助。同樣有幫助的是斯里蘭卡僧侶向智在佛洛姆生命最後十年教他的靜觀法。哈西迪派（Hassidim）、蘇菲派（Sufis）和愛克哈特（Meister Eckhart）的神祕主義傳統都給了他走向內在的重要啟示。

但佛洛姆走向內在並不是要遺世獨立，而是為了與現實、他人和自己建立更具有創造性、更明智和更有愛的會遇。由於這種會遇總是由關係中扭曲了的經驗來界定，所以走向內在不僅可以克服一己與父母的關係所引起的妨礙，還可克服由社會引起的妨礙。

每個社會和社群都設法用最有利於它們自我保存的方式表達愛。例如，一個威權社會會把愛的概念理解為愛威權和感激威權，因為只有這樣，一個建立在威權和順從的基礎上的社會制度才能最好地運作。

一個以競爭和成功為基礎的市場經濟體對愛有著完全不同的理解。在這種社會中，愛的能力取決於一個人是否能拿出自己最好的一面，是否能在競爭中站得住腳，是否有能力與人合作，是否寬容和公正。每個人都應該是「健全的」，能很好地表現自己。

對佛洛姆來說，在特定社會中被看作是值得愛的事物，大多是指自由表達對愛的需求之外的事物。那些威權主義的愛好者在意的是統治和自我控制。那些以市場為導向的人希望受人歡迎，事業成功，並透過這成功找到愛。但事實上，他內心沒有愛的需求，只有別的需求，那些需求會妨礙他感受和表達自己對愛的需求。要認出對意識到愛的需求的障礙，需要對社會所期待和要求的一切保持批判性距離。另外，為免社會批判自身流為一種意識形態，必須朝內心走去，以最大的認真對待對生命的愛的追尋。

佛洛姆越是認識到對他的愛的能力的內在障礙，並克服這些障礙，他就越是把愛的能力當作一種感性需求來實踐。那些在他生命最後十年對他比較熟悉的人，可以觀察到他是如何把體驗愛的能力視為一種需求，一種與他人以愛的方式建立關係的需要。表達自己的愛事實上已經成為一種他無法放棄的需求，只要一有機會，他就會滿足這一需求。

七〇年代，在羅加諾當佛洛姆的助手時，我一次又一次目睹了他不尋常的愛的能力。可以透過觀察他與別人展開交談的方式，感覺到他愛的能力。然而，最能讓人強烈感覺到這一點的，是他對安妮斯的愛，例如在電梯裡親吻她的時候、與她說再見的時候、對她說話的樣子、看著她的樣子和觸摸她的樣子。對《愛的藝術》的讀者來說，佛洛姆的愛的能力仍然活躍在書中。

——芬克（Rainer Funk，精神分析師，佛洛姆遺著保管人），寫於二〇〇六年

佛洛姆與他的父母在法蘭克福留影。（Rainer Funk 提供）

—延伸閱讀—

佛洛姆的自傳性資料——摘自文章和書信

家庭背景

身為過度焦慮的雙親的獨子這一點，對我的人格發展當然不是有著全然正面的影響，但多年以來我盡了最大努力修補損害。（1974b）

表面上看來，我可以說我的父母是德國中產階級猶太人。我是家中的獨子，我父親是個正統派猶太人。對與猶太教有關的所有事情相當淵博。但是那只是表面。其實我大可以說我是在中世紀長大，但我這樣說沒有貶低的意思，反而有高度肯定之意。（1979d）

家族的傳統背景

我們的家族故事幾乎都是有關我們當拉比的祖先們的故事，他們整天坐著鑽研《塔木德》，對於賺錢或做買賣之類的事情沒有絲毫興趣。例如，我的曾祖父就是一位著名猶太拉比。他住在巴伐利亞一個小鎮靠經營一家小店維生，有時會出點遠門去販賣貨物。據說有一次，他正在研讀《塔木德》時，有個顧客上門打斷了他。他帶點惱怒地問道：「難道這一帶沒有其他商店嗎？為什麼你要來打擾我？」（1979d）

對世界的認知

我和當時其他所有德國年輕人暴露在相同的影響力之下。但我必須以自己的方式來處理它們。這不僅因為我作為一個德國猶太人而總是站在特別的位置（但不

必然是不愉快的位置），還因為我對於我住在其中的那個世界，還有對傳統的舊世界，都感到很自在。（1977i）

我對世界的認知是一個前現代人的認知。這種態度又因為學習《塔木德》和閱讀《聖經》而加強，也受到我聽多了祖先故事的加強，他們全生活在一個早於布爾喬亞世界之前的世界。

我對做生意或布爾喬亞文化一向陌生，這解釋了我為什麼發展出一種對布爾喬亞社會和資本主義的嚴厲批判態度。我變成了一個社會主義者。（1974b）

阿爾弗雷德・韋伯

我只有一個非猶太人老師，我非常佩服他，也對我有極深影響。這位老師是阿爾弗雷德・韋伯，即馬克斯・韋伯（Max Weber）的弟弟。就像馬克斯一樣，他也是社會學家，但與馬克斯不同，他是人文主義者而不是民族主義者，而且有著傑出的勇氣和正直人格。（致 Lewis Mumford 的信，一九七五年）

拉賓克

我師從拉賓克大約五、六年，而如果我沒有記錯，我幾乎每天都會找他。我主要是跟他學習《塔木德》，其餘時間學習邁蒙尼德（Maimonides）的一些哲學作品、《普通人的書》（*Tanya*）、魏斯（Yaakov Weiss）的《猶太史》（*Jewish History*），以及討論社會學問題。他對我正在寫的博士論文極感興趣，幫了很大的忙……拉賓克大概比任何人對我的生命有更大影響，而他的觀念至今活在我身上——雖然是以不同的形式呈現。（1987a）

佛洛伊德

佛洛伊德為我打開了一個新的世界：無意識的世界。他教我和數以百萬計的其他人認識到，我們對自己的思想感受只有一小部分是自覺。他區分兩種無意識，一是所謂的前意識。前意識是可被意識到，但不是即時被意識到（這是因為如果我們總是能夠同一時間意識到我們腦子中的一切，一定會瘋掉）。另一種無意識是潛意識，那是被壓抑的思想感受，是我們內在的某些力量禁止我們意識到它們。（1980e）

在我看來除了佛洛伊德，巴登巴登只有兩位最重要的精神分析師，一位是弗倫齊（Sándor Ferenczi），一位是果代克。果代克和佛洛伊德非常親近，但兩人的個性非常不同。

果代克

我認為我在德國所認識的所有精神分析家中，果代克是唯一與真理同行、有原創性、有勇氣和異常仁慈的人。他穿透病人的潛意識，但從不會造成傷害。哪怕我從來不是他嚴格意義下的學生，他的教導對我的影響大於任何我的其他老師。他身段很高，以致大部分精神分析家不能欣賞他。他太心高氣傲，無法讓自己討喜和受歡迎。（致 Sylvia Grossman 的信，一九五七年）

巴霍芬

巴霍芬的發現給了我一把鑰匙，不僅使我了解歷史、了解在父權社會中愛是依賴於表演，還讓我了解那個越來越被我看成個人人格發展的核心問題：對母親的渴望對我們的意義為何？什麼構成了我們與母親的連結？（1974b）

馬克思

讓我被他吸引的，主要是他的哲學和他的社會主義願景。這哲學和願景用世俗方式表達了人類自我實現的觀念、完全人類化的觀念，以及把人類視為自我表達而不是獲取和積聚死物的觀念。（1974b）

佛洛伊德和馬克思是兩大破除錯覺者（disillusioner），不過馬克思看得更深，因為他看見了那些需要錯覺的事物底下的力量，而佛洛伊德只是個別地瓦解了人們

有關他們與現實的關係的錯覺。（1979b）

霍克海默和法蘭克福學派

在法蘭克福大學有一群學者在霍克海默（Max Horkheimer）的主編底下集體發表著作。霍克海默是社會研究所的所長，而這研究所有一期刊，該群學者的大部分早期作品都在該刊發表。我身為這個社會科學團體的一員，任務是代表精神分析這個全面了解社會不可或缺的要素。……在我們完全決裂之前，我和霍克海默關係友好。（1979d）

霍克海默博士……改變了對我的作品的態度。他指控我是一個從眾者，宣稱我把心理學應用在社會科學上並不是特別有成果。總的來說，他在不同時期主張心理學對社會科學來說只有少許重要性。這和他早前的態度是完全相反的。（致 Kurt Rosenfeld 的便箋，一九三九年）

精神分析的新方法

我設法顯示，推動社會行為的驅力，不是像佛洛伊德所假設的那樣，是對性本能的昇華。它們毋寧是社會過程的產品，或更正確地說，它們是對個人必須在其中滿足他們本能的某些聚合（constellation）的反應。這些驅力……完全不同於自然因素，即不同於飢餓、口渴和性的本能。與這些所有人類及動物共有的本能不同，前者是人獨有的產品，不是生物性。它們必須被放在社會生活方式的脈絡中理解。（致 Karl August Wittfogel 的信，一九三六年）

精神治療的新方法

隨著我把注意力越來越轉向我驚覺是我工作的真正核心時，即轉向一個人類和另一個人類的關係，轉向不是根植於本能，而是根植於人做為人的存在的特定人類情緒時，我開始看見，然後我開始真正理解。而那個被我分析的人也能夠理解我

說的話。他會感覺：啊哈，原來是這麼回事。（1974b）

自成一類的科學家

直至今日，我始終沒有能力思考那些我無法在想像裡把它們變鮮活的事情。我沒有抽象思考的天分。我只能夠思考那些能夠和我具體經驗的事情相關的思想。如果缺乏這一層關係，我的興趣就會消失，而我將無法動員我的能力。（1974b）

充滿愛的作家

愛是沒有目的的，哪怕很多人也許會說：「它當然有目的！正是愛讓我們可以滿足我們的性需要、結婚、生兒育女、過著正常中產階級的生活。這就是愛的目的。」這也是為什麼愛在今日會那麼稀罕——我是指沒有目的的愛，其中唯一重要的是愛的行為本身。在這一類愛中，扮演關鍵角色的是存在（being）而不是消費

（consuming）。它是人的自我表達，是人的能力的充分發揮。（1974b）

我漂亮的愛人，我愛妳是如此之甚，以致它會讓人疼痛，但這疼痛是甜蜜和奇妙的。我願你在睡眠中感覺到它。（這是佛洛姆在七十多歲時寫給太太安妮斯的留言之一，當時他比她早醒來。）

論政治

自從四十年前當學生的時代，我就是一個社會主義者，但要直到過去五年，我才在政治上變得活躍。我積極幫助推動一個美國和平運動，發現自己站在了左翼。（致 Adam Schaff 的信，一九六二年）

我是一個極端政治的人，在政治和其他方面，我都不會因為某個錯覺支持我的「路線」而擁護該錯覺。謊言可以讓我們和一個政黨綁在一起，但最終只有真相可以帶來人的解放。但有太多人害怕自由，偏愛自由的錯覺……我們不能把對我們自己的知識與對社會的知識分割。兩者是交織在一起……我感覺政治進步視乎我們

知道多少真相、我們說出真相時有多清晰和大膽，以及它在其他人心中留下多大的印象。（1974b）

愛生：愛生命

前幾天的某一晚，我寫了一篇類似呼籲的文章，主題是愛生命。它發自一種絕望的心緒，這種心緒讓我覺得我們幾乎沒有任何機會能避開核子戰爭。然後我突然領悟到，人們面對戰爭危險的態度之所以那麼消極，在於大多數人都不愛生命。所以，我想，懇請他們愛生命會比懇請他們愛和平或害怕戰爭更有用。（致 Clara Urquhart 的信，一九六二年）

佛洛姆過世前十四天留影（Rainer Funk 提供）

人可以成為什麼

我想起一則哈西迪派的故事。話說有個學生看見拉比愁容滿面，便問他：「你為什麼憂愁，老師？是因為你沒有獲得最高的知識，沒有企及最高的美德嗎？」拉比回答：「不是，我不是憂愁這些事。我是憂愁沒有完全成為自己。」

也就是說，對每一個人而言，都有一些事情是他最有可能成為的，有一些事情是他絕不可能成為的。很多人把生命浪費在設法成為他們不能成為的，忽略了他們可能成為的。所以一個人一開始應該有一幅他可以成為什麼和不可以成為什麼的藍圖，有一幅自己的侷限性和可能性的藍圖。（1979d）

【本篇參考資料】

1974b: "In the Name of Life. A Portrait Through Dialogue", in: E. Fromm, *For the Love of Life*, ed. by Hans Jürgen Schultz, New York: The Free Press 1986, pp. 88-116.

1977i: "Das Zusichkommen des Menschen. TV-Interview with Micaela Lämmle and Jürgen Lodemann", in: *Basler Magazin*, Basel, No. 47 (24. 12. 1977), p. 3.

1979d: "Erich Fromm: du Talmud a Freud. Interview mit Gerard Khoury", in: *Le Monde Dimanche*, Paris (21. 10. 1979), p. XV.

1980e: *Il Coraggio di essere. Interview mit Guido Ferrari*, Bellinzona: Edizione Casagrande 1980.

1987a: "Reminiscences of Shlomo Barukh Rabinkow," ed. by Jacob J. Schacter, in: L. Jung (Ed.), *Sages and Saints* (The Jewish Library: Vol. X), Hoboken: Ktav Publishing House, Inc. 1987, pp. 99-105.

56位跨世代跨領域意見領袖齊聲推薦（依姓氏筆畫排序）

瓦基（閱讀前哨站站長）
吳在媖（兒童文學作家、99少年讀書會發起人）
吳佳璇（精神科醫師）
呂旭亞（榮格心理分析師）
呂秋遠（律師）
宋怡慧（作家、丹鳳高中圖書館主任）
李屏瑤（作家）
貝莉（出版社編輯、作家）
周慕姿（心曦心理諮商所諮商師）
林書煒（POP Radio電臺臺長、主持人）
林婉瑜（詩人、作家）
林達陽（詩人、作家）

林靜如（律師娘）

邱昊奇（作家、演員）

紀金慶（師範大學通識中心助理教授）

孫中興（台灣大學社會系教授）

張德芬（暢銷作家）

郭重興（讀書共和國創辦人）

郭強生（作家）

陳志恆（諮商心理師、暢銷作家）

陳思宏（作家）

陳蕙慧（資深出版人）

陶晶瑩（主持人、作家）

幾米（繪本作家）

彭樹君（作家）

黃之盈（諮商心理師）

愛瑞克（《內在原力》作者、TMBA共同創辦人）
楊佳嫻（作家）
楊斯棓（年度暢銷書《人生路引》作者楊斯棓醫師）
詹宏志（作家、網路家庭董事長）
歐陽立中（暢銷作家、知名講師）
蔡伯鑫（精神科醫師、作家）
蔣亞妮（作家）
盧郁佳（作家）
謝盈萱（演員）
謝哲青（作家、知名節目主持人）
瞿欣怡（作家）
簡嫚書（知名演員）
顏擇雅（出版人，作家）
鐘穎（愛智者書窩版主、諮商心理師）

子慶（好樂團 GoodBand 吉他手）

看完之後讓人開始反思，如何在『愛人、被愛、自愛』中找到平衡，成為一個自己。

文森說書（YouTuber）

什麼是愛？我們尋遍天涯海角，偶然間，剛好進到我們手掌裡的，我們以為那是愛。再過一會兒，我們要不是栽在愛情的磨合期，要不就是冰塊漸漸融化，稀釋了濃烈的愛情飲品。我們悻悻離去，質問自己，愛為何物？作者佛洛姆透過心理學上的分析專業，搭配他的哲學底蘊，孕育出親密關係裡的跨時代巨作。

李崇建（台灣青少年教育協進會前理事長、親子作家）

《愛的藝術》這本書，我放在案頭近二十年。此書對我意義重大，對我踏入教育界，走上親子教養與師生互動，堪稱重要的寶典之一，本書的概念簡潔，方式明瞭易懂，即使問世多年了，這本書依然如寶石，在我的教育之路上，發出燦爛光芒，給予我清晰的指引，讓我感到明確且篤定。

李惠貞（獨角獸計畫發起人）

佛洛姆對「愛」的議題咀嚼之深，讓他能以非常淺白的文字，說出精闢的見解。他確實指出方向和方法，也把背景源由道理說給你聽；你會讀到情人之愛、父母之愛、手足之愛，會學到每一種愛的侵略、自私和盲點，以及，《愛的藝術》要教給我們的，愛真正的自足、自在和成功。這是一本奠基於人性之上的謙遜之書。

柚子甜（心靈作家）

愛之所以為愛，在於它如此困難，困難得明明出於人性，卻又極其違反人性，極其美麗，在跨越困難之後，抵達的境界如此的無瑕，像是靈魂經掏洗過的純粹。世人以為愛是人的本能，是鋪天蓋地的浪漫與依附。然而透過佛洛姆透徹的筆觸，愛其實是藝術，是需要紀律、專注與耐心的千錘百鍊，才能真正抵達的樂園。

洪仲清（臨床心理師）

在愛情中的困境，常被認為是豬隊友的問題，而不去檢視自己是否有愛人的能力。成熟的愛，既能突破人與人之間的隔閡，又能保有自己。這些道理，我們從小很少被教導，但藉著大師留下來的經典，我們可以放在生活中實行。這是一生的功課，而且沒有人能代替我們完成。祝願您，能真正愛一個人，而不是汲汲營營把對方改造成滿足我們需要的物品！

修齊（美秀集團吉他手）

當藝術家淪為資本主義社會的一環，將「愛」簡化為一種奶嘴娛樂的口號，佛洛姆在《愛的藝術》中追求的愛，彷彿回頭定義了藝術的本質。

郝慧川（風格作家）

情愛、愛情往往被認為是感性的產物，但佛洛姆將它一一拆解，如醫學、工藝般，愛是一門藝術、技能。透過理性的分析，他告訴我們「愛」是可以習得的，它不是空泛抽象的名詞，而是可以落實的動詞。宗教經典、流行歌詞裡的「愛」如果讓你感到迷惘，那麼這本書的清楚的分析和確實的步驟，可以幫助你知其所以，去了解愛，也懂得愛。

許菁芳（作家）——

《愛的藝術》有嚴謹的推論，完整的分析架構，學者的銳眼與洞見——但最重要的，這本書源於一種溫暖的愛。深刻的愛己，愛智，愛人的精神，讓這本書讀來充滿挑戰卻不受冒犯。讀者會反覆地內省批判，卻感覺煥然一新，會願意不斷地重返字字珠璣，用自己的生命經驗與它交流，在每一次交流之間獲得了解與關照，更加尊重自我，也負起付出的責任。閱讀本書是獲得愛的體驗。這本書在我的書架上具有永久的地位，我將會一再地讀它，也會邀請所有我重視的朋友與它相遇。

歐馬克（蒐集人生故事的 podcast 節目《馬克信箱》製作人）——

對於「愛」、「自由」、「財富」、「投資」、「藝術」等詞彙，我們常常只渴望其好處，卻對其相應需付出的承諾視而不見。通往美好的道路是實踐，有紀律的實踐。

蔡宇哲（哇賽心理學創辦人兼總編輯、台灣應用心理學會理事長）——

愛，是自古至今恆久存在的人性，並不因社會文化的改變而有太大的變化。愛說來簡單，但實際上卻又有各自巧妙不同，說是門藝術真的一點也不為過。《愛的藝術》一書對愛的描述清楚、細膩與深刻，雖然已歷經逾一甲子，依然歷久彌新。對愛徬徨或不知所措時，書中會給出溫柔的回應，讓人明白愛的本質，進而理解如何去實踐。

鄧善庭（發瘋心理師、諮商心理師）——

距離佛洛姆寫出他對愛的想法已經過了數十年，他對愛的認識卻沒有隨著科技發展而變得淺薄，「愛」因為網路、手機、社群媒體而更加強調表象，我們習慣透過貼文包裝愛的華麗與唯美，但在《愛的藝術》書中所提，愛應該是充滿著能量與積極主動的涵義，是需要被學習的一門藝術，我很希望所有人都能閱讀此本書，重新理解愛的本質，進而在生活中實踐真正的愛。

鄭俊德（閱讀人社群主編）

兩千多年前《聖經》的智慧就告訴我們：「愛是恆久忍耐又有恩慈。」而忍耐與恩慈並非與生俱能，而是後天透過人與人的關係互動中培養與學習的。所以如果你不懂如何愛，你可以透過《愛的藝術》這部經典，了解更多愛的方法與心態思維，讓你的愛更加完整。

瓊文（好樂團 GoodBand 主唱）

愛的探索是一輩子的功課，包含了與自己的對話以及與他人的連結。在人生旅程中，我們時常對愛感到困惑、懷疑與不解。在《愛的藝術》閱讀過程中，我能夠有條理地慢慢思考，漸漸地將這份思考融入生活，開始屬於我的練習。

蘇絢慧（諮商心理師）

「要學習自愛是什麼，什麼又是愛人，那就絕對不容錯過閱讀《愛的藝術》。佛洛姆對愛的闡述及思想，讓對於愛感到茫然的現代人，無疑指出了一條明路，同時滋養了我們內心乾枯的心靈，引領我們洞察關於愛的真理。」

蔡淇華（惠文高中圖書館主任、作家）

愛需要學習，因此我們必須重讀《愛的藝術》。

在心理學的「弗洛依德」星系裡，這幾年最常被提到的，是個體心理學派的創始人阿德勒，日本岸見一郎以阿德勒理論基礎所著的《被討厭的勇氣》，一直常駐暢銷書排行榜。第二位是與弗洛伊德決裂後，受憂鬱症所苦的榮格。許皓宜博士書寫的《情緒陰影：「心靈整合之父」榮格，帶你認識內在原型，享受情緒自由》也名噪一時。

然而，我個人卻覺得目前台灣人最需要閱讀的，是企圖調和弗洛伊德的精神分析學跟人本主義學說的「精神分析社會學」奠基者佛洛姆所著的《愛的藝術》。

書名「藝術」，其實更接近「技術」。

佛洛姆在書中告訴我們，愛不是我們與生俱來的一種本領，而是需要通過後天習得的能力。而且如果沒有愛他人的能力，就不能真正謙恭地、勇敢地、真誠地和有紀律地愛他人，也不可能在自己的愛情生活中得到滿足。

這是個缺愛的年代。新世代有性無愛，中年人離婚率走到亞洲第一，老年人繼承歷史的仇恨，繼續分裂島嶼族群。我們擁有了更多的知識，但因為不懂愛，我們在網路中「酸化」，覺得不受理解，也得不到足夠的愛。

佛洛姆告訴我們：

不成熟的愛是——因為我需要你，所以我愛你。

成熟的愛是——因為我愛你，所以我需要你。

是我們重新閱讀《愛的藝術》的時候了！讓我們一起學會愛，一起學習相屬需求，最後實踐佛洛姆愛的理論：超越需求、落實需求、統合需求、定向需求，成為真正活在愛中的幸福人。

愛的藝術

心理學大師佛洛姆跨時代不朽經典，一本學習如何去愛的聖經

The Art of Loving

作　　者　埃里希・佛洛姆（Erich Fromm）
譯　　者　梁永安
副 社 長　陳瀅如
責任編輯　翁淑靜
校　　對　陳錦輝
封面設計　鴻雅工作室
內頁排版　洪素貞
行銷企劃　陳雅雯、張詠晶

出　　版　木馬文化事業股份有限公司
發　　行　遠足文化事業股份有限公司(讀書共和國出版集團)
　　　　　231新北市新店區民權路108-4號8樓
電　　話　（02）22181417
傳　　真　（02）22180727
電子信箱　service@bookrep.com.tw
郵撥帳號　19588272木馬文化事業股份有限公司
客服專線　0800-221-029
法律顧問　華洋法律事務所 蘇文生律師
印　　刷　呈靖彩色印刷有限公司
初　　版　2021年10月
初版24刷　2024年7月

定　　價　400元
I S B N　978-986-359-982-1
　　　　　978-986-359-987-6(EPUB)
　　　　　978-986-359-988-3(PDF)

愛的藝術：心理學大師佛洛姆跨時代不朽經典，一本學習如何去愛的聖經 / 埃里希．佛洛姆 (Erich Fromm) 著；梁永安譯 . -- 初版 . -- 新北市：木馬文化事業股份有限公司出版：遠足文化事業股份有限公司發行 , 2021.08
　面；　公分
譯自：The art of loving.
ISBN 978-986-359-982-1(平裝)

1. 愛

199.8　　110009426